S

VENEDIG
Der venezianische Traum
Gedichte

Ausgewählt
von Tom Schulz
und Ron Winkler

Schöffling & Co.

Der Verlag dankt der Stiftung Lyrik Kabinett für die großzügige Förderung.

Erste Auflage 2015

Nachweise am Schluss des Bandes
Fotos von Ron Winkler und Christiane Wohlrab (Seite 2)
Satz: Fotosatz Amann, Memmingen
Druck & Bindung: Pustet, Regensburg
ISBN 978-3-89561-217-6

www.schoeffling.de
www.ronwinkler.de

Ron Winkler

Vorwort

Ein berühmtes Foto zeigt einen Mann, wie er auf dem Markusplatz steht, hinter sich eine wolkenpalastweiche Basilika, sein Jackett durch die in die Hosentaschen gesteckten Hände leicht derangiert. Auf seinem Kopf thront eine Taube: erhaben in ihrer eigenen Ungerührtheit.

Der Blick des Mannes mit Skepsisgesicht geht geradeaus, gleichermaßen durch Kamera und Betrachter und Welt hindurch – und ist gleichwohl sehr gegenwärtig, sehr voll: als stärke ihn ein inneres Venedig.

Der Mann ist Künstler, ist Martin Kippenberger. Und unter anderem scheint seine Haltung zu sagen: Um mich herum tobt dieser aufgeladene Mythos, er wird immer größer sein als ich, doch ich bin willens, dem Immensen mich zu stellen.

Sich diesem Mythos in welcher Form auch immer auszuliefern oder hinzugeben, gehört zum Erleben dieser Stadt. Die Rollen sind klar verteilt: Venedig gewährt Audienz, gewährt sie jedem, der das Staunen sucht und noch der schummerigsten Ecke eine Pracht entlocken kann.

Gegen so viel Huld und Adaptierlust hilft dann manchmal nur eine Taube im Haar.

Venedig ist Weltwissen. Ist ein Verzaubergesamtkunstwerk. Erlauchte Serenissima und vinetische Stätte. Bedroht von dem, was sie bedeutet, was sie umgibt, was sie durchströmt. Bedroht von Schönheit – dunkler, farbenfroher Schönheit –, was sie umso schöner macht.

Und so ist ihre Wirklichkeit märchenhaft (Intensivierung durch Verlustangst), und so ist das Märchenhafte hier Wirklichkeit. Während ein Traum ansonsten rasch verfliegt, kann man ihn hier berühren, riechen, erzählen, sich erzählen lassen. Den Überschwang an Farben, Ornamenten, Kunst und Aromen. Die Lagune und das Meer. Nicht zu vergessen den Überschwang an Süden und Historie mit Goldrand, Zinnen und Altanen.

Venedig, die große Grandezzaverheißung. Für unzählige Sehnsüchtige ist sie der prototypische Parcours einer schwer erklärbaren Beseeltheit, eines aus der Welt genommenen Taumels.

Dass sie zwischen den Zuständen schwebt – weder Festland noch Insel, zugleich Abendland und Morgenland – macht sie besonders. Für Napoleon ist ihr Markusplatz *der schönste Salon der Welt*, doch man ist geneigt zu sagen, dass das ganze Ineinanderspielen von Palästen und Kanälen ein Salon ist, dessen Flure den Himmel berühren.

Venedig hat den Nimbus, immer schon da gewesen zu sein. Als sei es von höherer Stelle legitimiert, für einen höheren Zweck: Dass da ein Venedig ist, eine Aphrodite unter den Städten. Erholungsraum für Flaneure und Verliebte und alle *Gondelbedürftigen* – wie es schon 1857 im Baedeker hieß.

Natürlich ist ein solcher Nukleus mediterraner Blüte auch ein Ort für Künstler. Seit mehr als zwei Jahrhunderten lassen sie sich inspirieren von der betörenden Bastion, die am Rand der Adria ihr Haupt erhebt.

Im Übrigen, notiert ein jovialer Goethe, habe *Venedig nichts zu besorgen*. Der von Alltagsgeschäften entledigte Gast kann sich dort der Muße so leicht hingeben wie den Musen, den Museen. Und Christian Wagner versteht Venedig als *vom Vorhalt des zu Massigen entladen, jeglicher Schwere so entlastet ganz.* Es ist eine Stadt, die *am Herzen aufgeht* (Klabund), ein Ort der Entschleunigung und einer fremden Zeit – derer man jedoch bedarf. Ein süßer *Köder, der alle aufgetauchten Tage fängt*, wie Rilke findet.

Die Dichter, die sich auf die Stadt einlassen, von der Jacob Burckhardt meinte, sie bilde ein Doppelgestirn mit Rom, tun dies hingebungsbereit, doch auch mit Lust an Seitenhieben auf das *greise Aas aus Stein* (Christoph Meckel). Die Weihewerte wollen austariert, das Allzusüße will vermieden sein – jede Magie hat dunkle Seiten.

Aber um Feme geht es kaum. Eher darum, dem Schönen und seinen Klischees eine spezielle Vitalität hinzuzufügen. Venedig eröffnet immer auch Räume für das Singuläre. Man kann es durch *Schlummerlider* oder *Venusspiegel* (Theodor Däubler) betrachten. Man kann es bewohnen, als sei man viele oder als hätte man es in sich aufgenommen, als sei es eine Stimmungslage (Rose Ausländer). Man kann die standardisierte Adoration durch unabgeschlossene Gesten unterwandern (Sarah Kirsch, Thomas Bernhard). Man muss es einfach mit sich selbst aushandeln. Dem Venedig der anderen lässt sich immer eine eigene, eine intrinsische Innigkeit abtrotzen. Auch das zeigen diese Gedichte.

Helga M. Novak

grüne Zitronen

so viel Regen ist heruntergefallen
mitten auf die Stadt im Meer
so viel Wasser in unseren Haaren
in unseren Augen das Grün
der unreifen Zitronen im Garten
wo Marco Polo geboren ist
dort haben wir sie gestohlen
ich habe sie gepflückt und du hast
im Sprung die Zweige heruntergezogen
drei Stück und fast noch grün
so viel Wasser in meinen Augen
als ich in die Baumkrone sah

Walter Höllerer

Venedig, tagsüber Mond

Ein Schreibpult, das die Welt regiert.
Ein Schrank, der Schätze birgt.
Eine Schaluppe, die dich silbernst
(Da ist Geschrei des Markts) durch Kanäle führt:
Fleischrote Melonen, auch gelbe, glänzende.
Tomaten, kupferfarben. Dunkle Trauben.

Segelboote (Bretter, Verknotungen)
Im Hafen: entfliehen sich.
Linien im Spiegel sprechen
Wirklicher.

Drüber der Mond, bleich jetzt am Tag,
Steht Tausende Kilometer fern.
Jahre, nur einige hundert,
Hausen im Palazzo Grimani.

Ah, das Alte! Es knurrt in der Bootswand,
Klopft in Schläfen, hüpft
Auf schmalen Simsen.

Ah, der Mond! – Ein Termitenhügel
Starrt senkrecht unter ihm:
Ordnung, Wandel und Wichtigkeit.

Spinnen sich Fäden ab? Ists
Vernehmbar?

Christine Busta

Begegnung in Venedig

Du hast ein Antlitz für diese Paläste:
unvertraut und gesammelt,
voll Wittrung für alles, was aufkommt vom Meer
und untergeht in der Ferne.
Geisterhaft wie der Mond,
kühn wie die Sicheln der Gondeln,
schwarz wie sternlose Nacht
über verlassner Lagune.

Du hättest Askese genug,
in durchwinterten Sälen
mit klammen Fingern die zarten
Muschelwunder zu ordnen,
die dir der Sommer geglüht.
Oder halbblind über feuchte
Folianten gebeugt
dem Glanz vergangner Geschlechter
deine Vigilien zu weihn.

Oder du führtest Gespräche
nachtlang mit fernen, entwöhnten
Freunden, bis eines Morgens
ein Fremder beklommen Einlaß begehrte
in dein seltsames Haus.

Aber er fände es leer,
als wärst du schon lange gegangen.
Und er entdeckte sie nicht
neben dem einzigen Spiegel,
die schmale, seidene Maske,
die in der Zugluft geöffneter Türen
schattenleise zerfällt.

Hermann Hesse

Ankunft in Venedig

Du lautlos dunkler Kanal,
Verlassene Bucht,
Uralter Häuser graue Flucht,
Gotische Fenster und maurisch verziertes Portal!

Von tiefem Traum besiegt,
Vom Tode eingewiegt
Schläft hier die Zeit
Und alles Leben scheint so weit, so weit!
Hier will ich ganz allein
Durch alte Gassen gehn,
Bei Fackelschein
An Gondeltreppen stehn,
In blinde Fenster sehn,
Bang-glücklich wie ein Kind im Dunkeln sein.

Michael Donhauser

Welch ein Reichtum war da an Schönheit der
Schöpfung als Abendstunde, als rötlicher Glanz
mit Lichtern über den Türen, mit Armen, die voll
und warm reichten den Wein, dass sanft so war
das Leben, das bald sich wieder verlor : und leer
lagen dann die Plätze, und still, vom Wind nur
bewegt, sank die Nacht in die Gassen der Stadt

Theodor Däubler

Venedig, dankbar bringen dir die Götter Gaben,
Geschenke, wie sie keine andre Stadt empfangen;
Du bist wie Aphrodite, der du gleichst, erhaben,
Du hast erwachend stets ein trautes Brautverlangen.

Bevor dein Bräutigam, das Meer, dich darf gewahren,
Beschaust du dich im Venusspiegel durch die Schleier,
Die nächtlich sich auf deinen goldenen Sonnenhaaren
Verdichten, als ein Liebespfand von deinem Freier.

Der Venus Tauben, kaum vom Traume aufgeflogen,
Umgurren deine buntgefüllten Wandellauben,
Und Taubenschemen, Schaumphantome goldener Wogen,
Besetzen Zinnen, Kirchenkuppeln aller Glauben.

Es blauen dunkle Fluten um die grünen Augen,
Die glanzlos in den Ebbestunden fast erblinden,
Die Sumpfalgen, die Ströme aus den Furchen laugen,
Beginnen rostigrot rings Tanzkränze zu winden.

Das Licht auf der Lagune ist der Pfau der Hera,
Den Zeus' Gemahlin für Venedigs Freundschaft spendet,
Denn hier lebt alles noch in einer Sonnenära,
In der Minerva Helm und Lanze frei verwendet!

Fürwahr, die Götter Hellas' leben in Venedig,
Auf der Lagune glitzern Hermes' Flügelschuhe,
Das Volk ist findig, eitel, heiter und ruhmredig,
Es fand Merkur in ihm seiner Bewegtheit Ruhe.

Rainer Maria Rilke

Die Kurtisane

Venedigs Sonne wird in meinem Haar
ein Gold bereiten: aller Alchemie
erlauchten Ausgang. Meine Brauen, die
den Brücken gleichen, siehst du sie

hinführen ob der lautlosen Gefahr
der Augen, die ein heimlicher Verkehr
an die Kanäle schließt, so daß das Meer
in ihnen steigt und fällt und wechselt. Wer

mich einmal sah, beneidet meinen Hund,
weil sich auf ihm oft in zerstreuter Pause
die Hand, die nie an keiner Glut verkohlt,

die unverwundbare, geschmückt, erholt –.
Und Knaben, Hoffnungen aus altem Hause,
gehn wie an Gift an meinem Mund zugrund.

Joseph Gregor

Giorgione

Ich bin kein Mensch. Ich bin das Übergleiten
des weißen Marmors in die blauen Fluten – –
Ich bin kein Mensch. Ich lebe in den Weiten
der Phantasie, des Glanzes; in den Gluten
der letzten Sonne auf den goldnen Zinnen.
Denn was ihr sonst mit meinem Namen nennt,
ist nur das erdenferne Sichbesinnen
im Antlitz meiner Männer, nein, ihr kennt
mich nicht, ihr kennt allein das Sichbeschauen
der vollen Schönheit, die uns alle hält:
Ich malte das im Antlitz meiner Frauen. –
Und meiner Landschaft mattes Gold erzählt
euch meines Sinnens immerwachen Traum:
Ganz fern verdämmern schon die sonngen Weiten,
im Vordergrund ein großer, alter Baum –
nein, mehr, ach mehr! Denn all durch dieses gleiten
noch viele Lichter, Lichter wie im Spiel,
doch voll Geheimnisglanz – sie eilen weiter
und anders, als ihr dachtet, wird das Ziel:
O Maler, Gottes dunkler Vorbereiter!
So wollte ich's. Kein Mensch, der also malt,
denn euer Sinn geht nicht so groß einher.
Ich bin das Licht, das rot im Morgen prahlt.
Ich bin Venedig. Und ich bin das Meer.

Eberhard Häfner

Die ultimative Lagune

Einmal traf ich die Falsche
der Ort, sagen wir Venedig, war richtig
staubtrocken meine Lippen, ich küsste die Lira
fünfhundert Mal, eine Münze geworfen
kein Gesicht der Gesuchten hinter der Zahl

diese Logik ließ mich erröten
als würde durch Lügen ein Syllogismus erklärt
sanktioniert das neue Münzwesen
ein Fremder am Campo Sankta Margherita
im Gepäck den November

entsprechend auch Lebkuchenherzen
es klopfte in meinem Brustkasten ans Blech
die Büchse rasch öffnen, nein, Angst hielt sie geschlossen
am Mast flattert der schwarze Fetzen
gekreuzte Klingen um das Skelett

für Teresa

Stefan Zweig

Sonnenaufgang in Venedig

Erwachende Glocken. – In allen Kanälen
Flackt erst ein Schimmer, noch zitternd und matt,
Und aus dem träumenden Dunkel schälen
Sich schleichend die Linien der ewigen Stadt.

Sanft füllt sich der Himmel mit Farben und Klängen,
Fernsilbern sind die Lagunen erhellt. –
Die Glöckner läuten mit brennenden Strängen,
Als rissen sie selbst den Tag in die Welt.

Und nun das erste flutende Dämmern!
Wie Flaum von schwebenden Wolken rollt,
Spannt sich von Turm zu Türmen das Hämmern
Der Glocken, ein Netz von bebendem Gold.

Und schneller und heller. Ganz ungeheuer
Bläht sich das Dämmern. – Da bauscht es und birst,
Und Sonne stürzt wie fressendes Feuer
Gierig sich weiter von First zu First.

Der Morgen taut nieder in goldenen Flocken,
Und alle Dächer sind Glorie und Glast.
Und nun erst halten die ruhlosen Glocken
Auf ihren strahlenden Türmen Rast.

Robert Hamerling

Venedig 1856

I.

Siehe, nun hast du das Meer und die Stadt und die wonnigen Inseln,
Alles nun hast du, o Herz, was du solang' dir ersehnt!
Prangend begrüßen sie dich, San Marcos Pforten und Zinnen,
Ernst, doch eigen und reich, fesseln sie lange den Blick.
Neugier aber beflügelt den Schritt. Schon gleit ich auf schwanker
Gondel des breiten Kanals flüssige Pfade hinab.
Silbern hebst, o Salute, das mächtige Kuppelgewölb' du:
Nicht einsam – du beginnst hohen und herrlichen Reihn.
Hei, wie tauchen sie rings aus grünlicher Woge, die stolzen
Palastfronten, der Kunst ewige Wunder, empor!
Säul' an Säule raget hinan, romanischen Halbrunds
Ruhige Linie gesellt gotischem Schwunge sich hold.
Reizvoll lächelt Cadoro dem Blick und Pesaros Prachtbau,
Siegend bestrickst du den Sinn, Vendramin, Perle der Kunst!
Doch es bewältigt Fülle den Blick. Wer zählte die hohen
Marmorschwellen, die grüngoldig die Woge bespült?
Aber es spiegelt im Meer sich die scheidende Sonne mit ihnen,
Dämmriger Schleier umwallt Zinnen und Säulen umher.
Langsam gleitet die Barke dahin. Was blickt ihr so düster
Nun, ihr Paläste, mich an? Du, o geruhige Flut,
Sage, was stimmst du gemach stillflüsternden Klagesang an?
Ach, ich kenne dich wohl, ewiges düsteres Lied!
Von dem zerfetzten Panier, vom zersplitterten Zepter der Macht weht
Kunde wie Seufzergetön mir auch ans fühlende Herz.
Doch was dämmert so hell fernher vom Osten herüber?
Goldene Ströme des Lichts regnen hernieder, es grüßt
Stadt und Lagune den Mondaufgang und prächtig entschleiert
Sich Venezias Reiz wieder in wonnigem Glanz.

Ja, ob die Herrschergewalt auch schwand und goldnen
Besitzes
Blinkende Fülle versank – S c h ö n h e i t blühet noch hier:
Hoch aus den Trümmern der Macht, aus zerstiebender Asche
des Mammons
Hebt sie mit ewigem Reiz siegend und heiter die Stirn!
Die einen flüchtigen Schein ihr die Schönheit scheltet, die
Künste,
Müßiges Spiel nur, o seht Hellas, Venedig und Rom:
Lang' schon starben sie hin und zerbröckelt nun rosten die
goldnen
Machtdiademe, die stolz ihnen die Häupter geschmückt;
Aber ihr Leichnam hält in der Hand, der erstarrten, noch
blühend
Frisch, die spielend sie einst pflückten, d i e B l u m e d e r
K u n s t!

Friedrich Hebbel

Venedig

Wie ein verwirklichter Traum begrüßt dich das bunte Venedig,
Wenn du es flüchtig durchschiffst: nicht die versunkene Stadt
Glaubst du vor dir zu sehen, von welcher die Dichter erzählen,
Diese dünkt dir im Meer gleich von Tritonen erbaut,
Und du taumelst dahin, wie unter Korallen und Muscheln,
Und verwunderst dich nur, daß dich die Flut nicht ereilt.
Alles Übrige paßt hinein in den Rahmen: der Doge,
Der sich den Wellen vermählt, und das vermummte Gericht,
Ja die Brücke der Seufzer, erscheinen dir hier so natürlich,
Wie in des Ozeans Nacht Fische mit Sägen im Haupt.
Laß dir aber vom Führer berichten, wie alles entstanden,
Und das phantastische Bild löst in Vernunft sich dir auf!

Emil von Schoenaich-Carolath

Altes Bild

Der Markusdom, der bunte, klangumtönte,
Hat seine Pforten gähnend aufgeschlagen,
Am Hochaltar, wo Priester Kerzen tragen,
Thront stolz der Doge, der vom Volk gekrönte.

Es lehnt an ihm in mädchenhaftem Zagen
Sein junges Weib, das holde, glückverschönte,
Ein Page, der an Schleppendienst gewöhnte,
Kniet stumm dabei in Puffenwams und Kragen.

Der Weihrauch dampft, zu Ende geht die Messe,
Es blickt verklärt die schöne Dogaresse ...
Doch sehen könnt Ihr, wenn Ihr näher tretet,

Daß tief im Sammt, dem dunkelvioletten,
Des Pagen Hand und ihre sich verketten –
Der alte Doge kniet im Stuhl und betet.

Kurt Drawert

Venedig

Im gelben Licht seines Himmels
ist Venedig die Geschichte
der Liebe, die ein Gondoliere
für höfische Witwen
erfand. Seitdem kam man,
um sie zu hören, tat,
was im Prospekt stand,
nahm sich die kalten Hände
des Nachbarn und spielte,
wie Blicke tief
in des anderen Augen
versinken. Wenn sie heute
im schrillen Gesangston
verbrauchter Tenöre
erklingt, über die Köpfe
verzückter Touristen
hinweg, deren Hobby
ein kurzes Gefühl ist,
stadteinwärts
auf faulenden Kanälen,
um am Markusplatz schließlich
im Gekreisch überfütterter Tauben
zu enden, dann ist sie doch
noch immer so schön
wie der erste Augenblick
danach, aber noch ehe
man aufwachen
und Bescheid wissen mußte.

Klabund

Venedig

Im Norden
Frieren die Götter.
Hier
Strahlt jeder Gauner: ein heisser Gott.

Seines Tempels Stufen
Steigen aus dem Canale grande.
Er opfert
Sein südliches Herz sich selbst.

Die Sbirren schleichen
Zur Dämmerung.
Am Himmel segelt
Eine Gondel.

Die Adria
Brandet an meine Brust.
Der Markusplatz
Tönt wie eine Harfe.

An vergitterten Fenstern,
An freigelassenen Menschen vorbei:
Auf einer weissen Piazza
Entfaltet sich wie eine rote Mantille dein Lächeln.

Ists Tag? So ist die Sonne,
Ists Nacht? So ist der Mond
Am Herzen
Aufgegangen.

Franz Werfel

Der Volksplatz von Santa Margarita

Als der Jugend letztes Sonnenblinken
Schmilzt der Tag. Die Bogenlampe schwirrt,
Auf dem Glockenturme, himmeltrinkend,
Tanzt die Heilige, des Platzes Hirt.

Mit der großen Trommel Kanonade
Bricht die Banda jetzt in »Tosca« aus.
Dort der Rummelort drischt eine Schwade
Orgelschwalls hinein und Hutschensaus.

Ach, wie schön wär es, die Welt zu lieben
Und die Menschen, bis ins Blut erwärmt!
Doch der Männer Züge sind gerieben
Und von flegelhaftem Mut durchlärmt.

Heisre Mädchen kreischen. Immer dichter
Ziehn sie grell an greller Häuserwand.
Aber selbst die reizendsten Gesichter
Sind entehrt und halb herabgebrannt.

Grimmig schiebt der Kellner mir die Tasse
Auf den Tisch. Er hat mich gar nicht gern.
Und ich leide tief an seinem Hasse,
Der im Rücken mich verletzt, von fern.

Tosca stirbt. Die Karusselle schäumen.
Menschenstrahlen pumpt ein Kino flott,
Ölgestank! In sterndurchwogten Räumen
Tanzt die Heilige schwarz und starr vor Gott.

Viel zu morsch, mich auf vom Platz zu raffen,
Stütze ich den Kopf in meine Hand,
Ohne Wunsch. Mein tränenloses Gaffen
Ist voll Todes bis zum Rand.

Hermann Hesse

Die venezianische Gondel

Wie ein Lied, zur Dämmerung gesungen,
treibst du still, vom Tage müd gemacht,
Wiegst dich leicht und gleitest schöngeschwungen
Milden Taktes in die warme Nacht.

Deiner schlanken Form Geheimnis liegt
Weit zurück, von Sagenduft umfangen,
Spielerisch ins Heute hergewiegt
Aus den schönen Zeiten, die vergangen.

Aus dem namenlosen, schweren Sterben
Der versunkenen Vergangenheit
Wird sich deine Bildung weitererben,
Rätselhaft und schön und unentweiht.

Späte Gäste wirst du noch entzücken,
Wenn nicht Kirche noch Palast mehr steht,
Und die trauernde Lagune schmücken,
Bis die Stadt Venedig untergeht.

Rose Ausländer

Mein Venedig

Venedig
meine Stadt

Ich fühle sie
von Welle zu Welle
von Brücke zu Brücke

Ich wohne
in jedem Palast
am großen Kanal

Meine Glocken
läuten Gedichte

Mein Venedig
versinkt nicht

Peter Huchel

Venedig im Regen

Noch im Nebel
leuchtet das Gold des Löwen,
das steinerne Laubwerk tropft.
Namen, meergeboren,
wer schrieb sie ins salzige Licht?
Keiner nennt
die große Geduld
der Pfähle.

Auf die Fähre
wartend im Regen,
der Poren
ins Wasser schlägt,
blick ich hinüber
zu den rostigen Schiffen
der Giudecca.

Die Seekarten schweigen.
Es schweigt
die Muschel
am Nacken des Steins.

Conrad Ferdinand Meyer

Venedig

Venedig, einen Winter lebt' ich dort –
Paläste, Brücken, der Lagune Duft!
Doch hier im harten Licht der Gegenwart
Verdämmert mählich mir die Märchenwelt.
Vielleicht vergaß ich einen Tizian.
Ein Frevel! Jenen doch vergaß ich nicht,
Wo über einem Sturm von Armen sich
Die Jungfrau feurig in die Himmel hebt,
So wenig als den andern Tizian –
Doch kein gemalter war's – die Wirklichkeit:
Am Quai, dem nächt'gen, der Slavonen war's.
Im Dunkel stand ich. Fenster schimmerten.
Zwei dürft'ge Frauen kamen hergerannt.
Hart an die Scheibe preßt' das junge Weib
Die bleiche Stirn. Was drinnen sie erblickt,
Das sie erstarren machte, weiß ich nicht.
(Vielleicht den Herzgeliebten, welcher sie
An eines andern Weibes Brust verriet.)
Ich aber sah den feinsten Mädchenkopf
Vom Tod entfärbt! Ein Antlitz voller Tod!
Die Mutter führte weg die Schwankende …
Die beiden Tiziane blieben mir
Stets gegenwärtig; löschen sie, so lischt
Die Göttin *vor* dem armen Menschenkind.

Ingeborg Bachmann

Schwarzer Walzer

Das Ruder setzt auf den Gong mit dem schwarzen Walzer ein,
Schatten mit stumpfen Stichen nähn die Gitarren ein.

Unter der Schwelle erglänzt im Spiegel mein finsteres Haus,
Leuchter treten sich sanft die flammenden Spitzen aus.

Über die Klänge verhängt: Eintracht von Welle und Spiel;
immer entzieht sich der Grund mit einem anderen Ziel.

Schuld ich dem Tag den Marktschrei und den blauen Ballon –
Steinrumpf und Vogelschwinge suchen die Position

zum Pas de deux ihrer Nächte, lautlos mir zugewandt,
Venedig, gepfählt und geflügelt, Abend- und Morgenland!

Nur Mosaiken wurzeln und halten im Boden fest,
Säulen umtanzen die Bojen, Fratzen- und Freskenrest.

Kein August war geschaffen, die Löwensonne zu sehn,
schon am Eingang des Sommers ließ sie die Mähne wehn.

Denk dir abgöttische Helle, den Prankenschlag auf den Bug
und im Gefolge des Kiels den törichten Maskenzug,

überm ersäuften Parkett zu Spitze geschifft ein Tuch,
brackiges Wasser, die Liebe und ihren Geruch,

Introduktion, dann den Auftakt zur Stille und nichts nachher,
Pausen schlagende Ruder und die Coda vom Meer!

Georg Britting

Venedig

Wie schwarze Schwäne gleiten die Kähne hin.
Rauh tönt der Ruf der Gondolieri. Stumm,
In Öl gesotten, glänzt das Kleinzeug
Starriger Fische im Kupferkessel.

Venedig glüht im sterbenden Gold. Sein Blut
Verströmt ein altes Wappen im Abendrot.
Die Taschenkrebse der Kanäle
Klettern behende am faulen Holze.

Albert Ehrenstein

Venetianischer Traum

Im Morgennebel des Schlummers:
Auf dem Regenbogen des Traumes
Glitt ich segelschnell aus sieben grauen Welten,
Entflog der ewigen Burg des blauen Himmels
Und stürzt ehern ins Leere der Meere.

Ein stiller Gondolier trieb einsam
Auf den weiten Wassern umher
Sanft mich aufzufischen,
Lautlosen Ruders – der schwarze
Engel Tod im schwarzen Boot.

Da küßte mich der dunkle Schlaf
Mit dem Kusse des Abschieds.

Johann Wolfgang von Goethe

Epigramme. Venedig 1790

5.

Ruhig saß ich in meiner Gondel, und fuhr durch die Schiffe,
Die in dem großen Kanal viele befrachtete stehn;
Jede Ware findest du da, für jedes Bedürfnis,
Weizen, Wein und Gemüs, Scheitholz und leichtes Gesträuch;
Schnell drang die Gondel vorbei, mich schlug ein verlorener Lorbeer
Derb auf die Wangen, ich rief: Daphne verletzest du mich?
Lohn erwartet ich eher! Die Nymphe lispelte lächelnd:
»Dichter sündgen nicht schwer, leicht ist die Strafe, fahr hin.«

8.

Diese Gondel vergleich ich der Wiege, sie schaukelt gefällig,
Und das Kästchen darauf scheint ein geräumiger Sarg.
Recht so! Zwischen Sarg und Wiege wir schwanken und schweben,
Auf dem großen Kanal, sorglos durchs Leben dahin.

20.

Vor dem Arsenal stehn zwei altgriechische Löwen,
Klein wird neben dem Paar Pforte, Turm und Kanal.
Käme die Mutter der Götter herab, es schmiegten sich beide
Vor den Wagen, und sie freute sich ihres Gespanns.
Aber nun ruhen sie traurig; denn der geflügelte Kater,
Überall schnurrt er, und ihn nennet Venedig Patron.

36.

Müde war ich geworden, nur immer Gemälde zu sehen,
Herrliche Schätze der Kunst, wie sie Venedig bewahrt.
Denn auch dieser Genuß verlangt Erholung und Muße;
Nach lebendigem Reiz suchte mein schmachtender Blick.
Gauklerin! da ersah ich in dir das Urbild der Bübchen,
Wie sie Johannes Bellin reizend mit Flügeln gemalt,
Wie sie Paul Veronese mit Bechern dem Bräutigam sendet,
Dessen Gäste, getäuscht, Wasser genießen für Wein.

Nachgelassene Epigramme

»Seid Ihr ein Fremder, mein Herr? bewohnt Ihr Venedig?« so fragten
Zwei Lazerten, die mich in die Spelunke gelockt.
Ratet! – »Ihr seid ein Franzos! ein Napolitaner!« Sie schwatzten
Hin und wieder, und schnell schlürften sie Kaffee hinein.
»Tun wir etwas!« sagte die Schönste, sie setzte die Tasse
Nieder, ich fühlte sogleich ihre geschäftige Hand.
Sacht ergriff ich und hielte sie fest; da streckte die zweite
Zierliche Fingerchen aus, und ich verwehrt es auch ihr.
»Ach, es ist ein Fremder!« so riefen sie beide; sie scherzten,
Baten Geschenke sich aus, die ich, doch sparsam, verlieh.
Drauf bezeichneten sie mir die entferntere Wohnung
Und zu dem wärmeren Spiel spätere Stunden der Nacht.
Kannten diese Geschöpfe sogleich den Fremden am Weigern,
O so wißt ihr, warum blaß der Venetier schleicht.

In dem engsten der Gäßchen, es drängte sich kaum durch die Mauern,
saß mir ein Mädchen im Weg, als ich Venedig durchlief.
Sie war reizend, der Ort, ich ließ mich Fremder verführen.
Ach, ein weiter Canal tat sich dem Forschenden auf!
Hättest du Mädchen wie deine Canäle, Venedig, und Fötzchen
Wie die Gäßchen in dir, wärst du die herrlichste Stadt.

Christoph Meckel

Ballade

Aufflog Venedig
als es mit Fischen und Gondeln oft gespielt
und Finsterwasser gewälzt zur Genüge
und allen Molen und Palästen
von den murmelnden Kieselbänken.

Aufflog Venedig, spie
aus Katakomben Schlamm und Schweigen dröhnend,
Gestein flog, schwer gelöst, nachschleiften
Bohlen und Fetzen und hell
flog Geschrei von Elstern und Wasservögeln.

Hoch herab vertropfend seine Reste
schnellen Flugs, mit weiter Schleuder Spuren,
Herrscherstühle, Gräten, Seufzertreppen
Tote und Trophäen, flog Venedig
auf Gebirge tierleer, lagerte
unsichtbar sein greises Aas aus Stein.

Unten an leerer Stelle
stakten durch treibenden Schutt die Wächter der Dogen,
stoßend an ertrunkene Katzen,
rufend lange nach Venedigs Löwen.

Lautlos hob an
ein Gähnen aus Geisterlöwenmäulern, von sinkenden
Bohlen stoben goldene Ratten,
Irrlichter zogen an leerer Stelle auf.

Thomas Kunst

Ich bau in meinem Waschbecken Venedig

Aus Seifensplittern nach und Streichholzstangen
Serviettenabfall, Marshmallows, gefangen
In Tesafilm, Terrassen, lediglich

Sirenen, Acqua alta, Kemenaten
In einer Steilwand in der Calle Corner
Palazzo Barbarigo, eingefrorener
Amaro Montenegro ist kein Garten

Bei aufgedrehtem Hahn verlieren Atem
Und Seifensplitter ihren Halt am Rand
Die Frau, die Heimweh hatte, bleibt nicht ewig

Betrink dich nicht allein hier, si vis pacem
Signalcreme, wo das Cipriani stand
Ein Kopf an einem Kopf ist nie zu wenig

Thomas Kunst

Der Männer und der Frauen wegen taten
Wir so, als wären wir von uns befreit,
Allein in unseren Zimmern, nie zu zweit,
Versuchten wir, uns niemals zu verraten,

Versuchten es und scheiterten erheblich,
Die Telefone glichen Wohnzikaden,
Ein Klingeln hatte sich nicht zugetragen,
Auf wilde Einsicht hoffte ich vergeblich.

In Cannaregio gingen wir auf Sand-
Canälen bis zum Rio della Sensa,
Wir tranken Wasser, wollten nicht verkalken,

Verließen uns und waren bei Verstand,
Ci sono numeri di emergenza,
Die Stimme hatte nur noch einen Balken.

Theodor Däubler

Venedig, deine Marmorsäulenwälder
Durchstreif ich tausendmal und gerne,
Sie sind die bleichen, steinernen Vermelder
Versunkenen Seins in Meer und Nebelferne.

Arkadien bist du unsrer Welt geworden,
Zu Menschenlust von Menschen aufgerichtet,
Schufst du Oriente frei in Welschlands Norden,
Und Hellas' Geist hat über dir gedichtet.

Doch ist Arkadien nicht durch dich gefallen?
Oft ward das Leben in besiegten Ländern
Wild von Venedigs scharfen Löwenkrallen
Zerzaust, denn so gefiel es Machtverschwendern.

Die Forste breiter Berge, die verkarsten,
Verschwanden bald im Schlamm, wo sie verschimmeln,
Die Eichen, die einst Abhangfelsen barsten,
Versteinern, wo jetzt Kellerasseln wimmeln.

Arkadien hat sich früher ausgebreitet,
Es rauschten Bäche durch Illyriens Schluchten
Zu Leuten, die sich dort ein Glück bereitet;
Venedigs Flotten lagen in den Buchten!

Erwürger trugen sie, roh und verwegen,
Erpresser, die des Landes Kraft entwalkten;
Es heulten ihnen Stürme zwar entgegen,
Die Felsquelladern rings verkalkten,

Doch blieb der Leu auf seinen braunen Matten;
Dann bargen sich die Krumen unter Steinen;
Und Wolken werfen nun violette Schatten
Auf Friedhöfe von Urwäldern und Hainen.

Theodor Däubler

Oh Farbenstadt Venedig, dir zu Füßen
Verstreut und legt ein grüner Strom Juwelen,
Das Meer will jedes Dogenhaus begrüßen,
Es dürfen nirgends Flutgeflechte fehlen.

Auf himmelblauem Dunkelglutengrunde,
Verbrämt und strickt das Meer vor jedem Schlosse
Prunkteppiche, und seiner Tiefe Funde
Umschwärmen leuchtend jede Seekarosse.

Harmonisch sind des Meeres Sonnenstoffe.
Vor Marmortreppen webt es Züngelspitzen
Und droht verfinsternd steil das gotisch Schroffe,
So hilft es sich mit Silberwirbelwitzen.

Die reinsten Flammen sind Türkisen, Rauten,
Doch hebt das Meer oft ganze Perlenspiegel,
Narzissen schwemmt es vor die Schimmerbauten
Und rote Nelken vor Verwitterungsziegel.

Ein wahrer Prachtdamast ruht vor den Stufen
Der Muttergotteskirche »la Salute«,
Das Meer hat allen Prunk emporgerufen,
In diesen Teppich wirkt es Grundtribute.

Die Kirchenkuppel blickt mit mildem Auge
Zur Spenderin der Reinheit auf, zur Sonne,
Da scheint es fast, als labe sich und sauge
Ein Tempelwunsch am stillen Milchtagsbronne.

Venedig, die Empfindungsinseln stiller Stunden
In deinen Fluten geb ich dir in Liedern wieder,
Venedig, bunte Fernen sind in dir verbunden,
Verschwundene Numen öffnen hier die Schlummerlider.

Anastasius Grün

Gondelfahrt

Horch, Mitternacht vorüber,
Die Straßen menschenleer!
Vom Mondlicht übergossen
Paläste, Kirchen, Meer!

Willst du Venedig schauen,
Nur jetzt versäum' es nicht!
Das ist die wahre Stunde,
Das ist das wahre Licht!

Die Marmorbilder leben,
Paläste ragen licht!
Wie riesige Silbertafeln
Mit großer Taten Bericht.

Willst du dich freun der Liebe,
Versäume nicht ihr Gebot!
Die Gondel sei ihre Wiege,
Der Mond ihr Morgenrot!

Umrauscht von der Vorzeit Schauern,
Die blühende Gegenwart
Mit liebendem Arm umschlingen,
Welch schöne Gondelfahrt!

Weinst du auch manche Träne
Auf der Vergangenheit Grab,
Schnell trocknet mit weißem Händchen
Die Gegenwart dir sie ab.

Robert Schindel

Venezianisches Sonett

Da ich jetzt liege unter den Sehnen von Venedig
In den letzten Tagen dieses Katzenjahrs
Die Nässe kuschelt sich an mich so gnädig
Flammt Gier mir auf, ich keuche und das wars.

Denn ruhig geht nun der Wanderer die Brücken
Gewogen sind ihm Wein und die Palazzos
Im nassen Klima geht man trocken doch an seinen Stücken
In deren Träume; dort erst geht die Hatz los.

Schreiend um die Ecken hinter Mauern
Mit Saugeduld und Angstschweiß im Gekrös
Und Gieren, die in faden Ganglien lauern.

Da lieg ich in der Sehne sehr nervös
Will in Venedigs Klima restlos mich bedauern
Durchfeder diese Stadt, noch durstig und schon bös.

Günter Eich

Nördlicher Seufzer

Links eine Straße zum Hafen. Nicht die Einwohner,
die Topographien sind entscheidend.
Der reformierte Kirchgang, rotweiße
Vermessungsstäbe bilden den Gottesbegriff.
Wie sich die Straße an einer zoologischen Handlung krümmt,
der Empfänger meiner Brieftelegramme könnte es Liebe
nennen.

Man fährt nicht nach Venedig oder Kyoto. In Winkeln
spielt sich die Welt ab.

Nur keine Spuren hinterlassen.

Peter Härtling

Erwünschter Brief

Schreib mir:
Noch im April
könnten wir
nach Venedig reisen.
Das ist ein Brief,
wie ich ihn
erwarte.
Schreib mir:
Du hast
ein Jahr gut
und kannst es
wiederholen.
Schreib mir:
Ich hab dich
noch nicht angefangen,
es könnte mit dir
gehen.
Schreib mir:
Bleib weg,
damit du mir
bleiben kannst,
und schreib mir:
Noch im April
könnten wir
nach Venedig reisen.

Michael Donhauser

Ein Sagen war es als ein Singen, das aufstieg vom Campo del Sol, wo es einen Bretterverhau gab für Baugeräte, während ich etwas müde war der Stadt und ihrer täglichen Wiederkehr : die Boote aber, die sich kreuzten, die tuckerten, die beladen waren und hupten, sie bewegten mein Gemüt, das ähnlich den Augen offen ruhte auf dem schaukelnden Wasser

Michael Donhauser

Und Venedig, das war, war der Name für eine entschwundene Zeit, für jenen Bruchteil, da das Auge zögerte, zu sehen, während es sah : San Giorgio sah, und wie die Säulen stiegen aus dem Meer, auf Sockeln, die höher wurden, je näher das Schiff der Anlegestelle kam, wo es gegen die Pflöcke schlug und die Taue dann leise knarrten

an düsterem Wintermorgen der Stallgeruch in meinem Bett, Zerreiszungen damastenes Wolkengefieder, mit IHM damals im Früh in Venedig die überfluteten Gassen Plätze ich kaufte IHM 1 Andenken ich glaube blaues Herz aber er gab es mir zurück. Klaus war mit uns, Venedigtränen, wir waren, ich glaube jung, ich glaube noch nicht alt. Es regnete, *die Brücken toll* von Anbetung alten Gemälden, Markusplatz : Gertrude Stein die Tauben fütter die Kirchen deren Namen ich vergasz, die Kähne flohen, Paläste unterspült, Venedig doppelt nein 3-fach belichtet (in den Jahren) ER lebte noch ich trippelte und fror an seiner Seite, es war 1 ganz bestimmter Winkel dieser Stadt verweinter Winkel ich war berauscht ich weinte viel, es trug mich in den Himmel wie in TEOR von Pier Paolo Pasolini, nur dieser Winkel dieser Stadt der weinen mich gemacht an SEINER Hand, ich imaginierte mich in 1 der palazzi, es war 1 Frühlingstag ich habe viel vergessen wir waren noch am Leben und unsere Glieder heil. In den Kanälen die Mot busse schnellten, der Regen fiel den Lido sah ich nicht und nicht das Meer *knallrot* (geschwisterliche Verse), frierend an Holztisch am Nachmittag im Freien tranken wir Rotwein ich weisz nicht w ich war in meinem Geist vielleicht in 1 anderen Stadt an 1 andere Ort, obwohl. Mein Taillengürtel = Vokabular enger geschnallt in dieser Gegenwart

(das Brot verschimmelt in der Lade : rabenschwarz)

27.12.08

Robert Hamerling

Gondoliera

Komm in die Gondel, Kind, nun die Nacht sich mit Sternen beflittert,
Und hinüber uns lockt Harfengezitter ins Grün
Seliger Inseln, wo rings im strömenden Golde des Mondes
Reigen der Freude sich drehn, jauchzen und klingen und sprühn.
Gleiten wir durch des Kanals, der Giudecca Wonnegetümmel?
Lockt San Lazzaro dich, funkelnd im Rosengeheg'?
Winkt dich stillere Luft zu den flüsternden Büschen des Lido,
Wo schlaftrunken bereits einsam die Welle verschäumt?
Ziehn wir lieber hinaus, fernhin in die schimmernde Nacht, wo
Golden Torcello glänzt? – Sage doch, Liebchen, wohin
Schiffen auf sterndurchfunkelter Nacht wir? Du schweigst? Und das Köpfchen
Schmiegst du, das müde, mir traut eng an den Busen und blickst
Träumerisch halb, halb schelmisch mich an? – So bleib' es denn gänzlich
Unentschieden, wohin heute wir wandern. Wohlan!
Schließe die Gondel, Kind, und vertraun wir uns gütigen Göttern.
Hold aneinander geschmiegt, laß mit geruhigem Sinn
Still uns erwarten, wohin wir gelangen. Tonino, den Sternen
Folgend, rudere zu! – Bist du zufrieden, o Kind?
Schmiege dich traut nur an mich, Süßliebchen! Des Meers und der Liebe
Wellen, sie schaukeln uns hold! Hörest du wohl, wie sie rings
Rauschen verheißungsvoll? Wer weiß, wohin sie uns tragen?
Amor steure, die Flut schwelle der Grazie Hauch!

Detlev von Liliencron

Unvermutetes Zusammentreffen

Ein unerhörter Fall hat sich begeben:
Zwei Gondeln stießen im Canale Grande
Unsanft zusammen. Das war eine Schande,
Wer glaubte je, solch Plumpstück zu erleben.

Die Insassen, die just vor Wonne beben
Bei ihren Schönen, unter der Guirlande,
Erwachen aus der Liebe seligem Brande,
Um ihre Stirnen zornig zu erheben.

Will heut das Schicksal einen Festtag feiern?
Sie drohn sich an und liegen auf der Lauer:
Wer wird sein Quidproquo zuerst entschleiern?

Es rieselt durch die Welt ein heiliger Schauer:
Così mi chiamo, well, Milordo Byron!
»Und ich, ich heiße Arthur Schopenhauer.«

RESTAURANT

TOPORTEGO
L PISTOR
1558 A

1061

PORCINI KILO € 35,00
PORCINI KILO TOSCANI € 12,00
CHIODINI KILO EURO 10,00
2 KILI € 15,00

PIZZUTTELLA
DOLCISSIMA
KILO
€ 3,00

Alfred Kerr

Der neue Campanile

I.

Campanile! Campanile!
»Auferstanden!« (jubeln viele);
»Ruderscht du vor die Piazetta,
Wirkt der Eindruck jetzt viel netta.«

II.

Prächtiger Platz, mit Bogen, Zacken,
Platz, auf dem die Tauben ... hacken.
Weil man ihnen Erbsen streut.
(Und sie hacken stets erneut.)

III.

»Horch! Die Campanile-Glocken!«
Pirna macht sich auf die Socken.
Herrlich an der Adria
Liegt das Café Quadri! Ja!

Lehrerinnen, säck'sche Grazien,
Sitzen vor den Procurazien --
Wo das blonde Frauensbild
»Ober! einen Wäääärmuth!! brüllt.«

3.

Wie lieblich ist's, wenn sich der Tag verkühlet,
 Hinaus zu sehn, wo Schiff und Gondel schweben,
 Wenn die Lagune, ruhig, spiegeleben,
 In sich verfließt, Venedig sanft umspület!

Ins Innre wieder dann gezogen fühlet
 Das Auge sich, wo nach den Wolken streben
 Palast und Kirche, wo ein lautes Leben
 Auf allen Stufen des Rialto wühlet.

Ein frohes Völkchen lieber Müßiggänger,
 Es schwärmt umher, es läßt durch nichts sich stören,
 Und stört auch niemals einen Grillenfänger.

Des Abends sammelt sich's zu ganzen Chören,
 Denn auf dem Markusplatze will's den Sänger
 Und den Erzähler auf der Riva hören.

9.

Ich fühle Woch' an Woche mir verstreichen,
 Und kann mich nicht von dir, Venedig, trennen:
 Hör ich Fusina, hör ich Mestre nennen,
 So scheint ein Frost mir durch die Brust zu schleichen.

Stets mehr empfind ich dich als ohne Gleichen,
 Seit mir's gelingt, dich mehr und mehr zu kennen:
 Im tiefsten fühl ich meine Seele brennen,
 Die Großes sieht und Großes will erreichen.

Welch eine Fülle wohnt von Kraft und Milde
Sogar im Marmor hier, im spröden, kalten,
Und in so manchem tiefgefühlten Bilde!

Doch um noch mehr zu fesseln mich, zu halten,
So mischt sich unter jene Kunstgebilde
Die schönste Blüte lebender Gestalten.

16.

Was läßt im Leben sich zuletzt gewinnen?
Was sichern wir von seinen Schätzen allen?
Das goldne Glück, das süße Wohlgefallen,
Sie eilen – treu ist nur der Schmerz – von hinnen.

Eh mir ins Nichts die letzten Stunden rinnen,
Will noch einmal ich auf und nieder wallen,
Venedigs Meer, Venedigs Marmorhallen
Beschaun mit sehnsuchtsvoll erstaunten Sinnen.

Das Auge schweift mit emsigem Bestreben,
Als ob zurück in seinem Spiegel bliebe,
Was länger nicht vor ihm vermag zu schweben:

Zuletzt, entziehend sich dem letzten Triebe,
Fällt ach! zum letzten Mal im kurzen Leben,
Auf jenes Angesicht ein Blick der Liebe.

Stefan George

Gesichte I

Wenn aus der gondel sie zur treppe stieg
So liess sie lässig die gewande wallen
Und wie nach grollend anerkanntem sieg
Des greisen Edlen stütze sich gefallen.

Kein sanfter ton verfing in ihrem ohr ·
Bei festen sass sie eisig in den sälen ·
Nur an den decken brauner engel chor
Verstand es ihr von freuden zu erzählen.

In schweren sammet hat sie sich gebauscht ·
Den ernsten hub aus unerhörten frachten
Und an dem reichen öle sich berauscht
Das neulings ihr die Inderschiffe brachten.

Nun hat sie in verhangenem gemach
Zu einem ruhmeslosen fant gesprochen:
Vermelde man am markte meine schmach ·
Ich liege vor dir niedrig und gebrochen.

Stefan George

Gesichte II

Ich darf so lange nicht am tore lehnen ·
Zum garten durch das gitter schaun ·
Ich höre einer flöte leises sehnen ·
Im schwarzen lorbeer lacht ein faun.

So oft ich dir am roten turm begegne
Du lohnest nie mich mit gelindrem tritt ·
Du weisst nicht wie ich diese stunde segne
Und traurig bin da sie entglitt.

Ich leugne was ich selber mir verheissen ..
Auch wir besitzen einen alten ruhm ·
Kann ich mein tuch von haar und busen reissen
Und büßen mit verfrühtem witwentum?

O mög er ahnen meiner lippen graben
– Ich ahnte sie seit er als traum erschien –
Die oleander die in duft begraben
Und andre leise schmeichelnd wie schasmin.

Ich darf so lange nicht am tore lehnen ·
Zum garten durch das gitter schaun ·
Ich höre einer flöte fernes sehnen ·
Im schwarzen lorbeer lacht ein faun.

Norbert Hummelt

abendlicht

wir träumen beide, treiben durch die gassen .. da schäumt
der flieder über alle mauern u. die kastanien blühen schon

mauersegler zerreißen den himmel hinter verschlossenen
gartengittern im leicht beduselten vorübergehn, ungreifbar

still u. schmerzhaft schön .. wir sitzen wieder am ramo
arnaldi, wasser schwappt träge über die steine, moos u. algen

treiben im kanal .. wie du mich küßt .. willst du jetzt sofort
aufs zimmer oder doch lieber zum zattere gehn, im abend-

licht die großen schiffe sehn .. aber heute das abendlicht ist
anders als gestern, siehst du es nicht? eben noch haben wir

eis gegessen, eben noch waren wir beide kind .. jetzt haben uns
alle zu hause vergessen, keiner fragt sich mehr, wo wir sind.

Jan Wagner

venezianische impression

im großen *canale* hingen die gondeln,
schwarze semikolons
zwischen den erzählungen der paläste:

alles schien zu zögern.
der händler der die trauben wie ein bund
tiefroter fragen in die sonne hielt;
das lächelnd ins photo steigende hochzeitspaar;
die katze im sprung auf den vogelkäfig am sims.

(unter den steinernen brücken die lagune
die ruhig an ihrer blauen winde dreht.)

Alfred Brendel

Venedig

Am Ufer
liegen die Gondeln
wie gestrandete Wale
Aus den Dachstühlen am Canal Grande
dringt schwarzer Rauch
Seufzend
versinkt die Kuppel von Santa Maria Maggiore
in der Lagune
Eine letzte Explosion
zerstückelt den Dogenpalast
Die Ratten
haben die Größe von Hauskatzen erreicht
Von der Flutwelle erfaßt
plätschern sie im Innern von San Marco
und beißen die Priester
die versuchen
die Gebeine des Heiligen zu retten
Stoisch
lenkt Mario Praz die Ereignisse
und richtet
als alles vollbracht ist
seinen Blick
im Spiegel
auf sich selbst

Conrad Ferdinand Meyer

Auf dem Canal Grande

Auf dem Canal Grande betten
Tief sich ein die Abendschatten,
Hundert dunkle Gondeln gleiten
Als ein flüsterndes Geheimnis.

Aber zwischen zwei Palästen
Glüht herein die Abendsonne,
Flammend wirft sie einen grellen
Breiten Streifen auf die Gondeln.

In dem purpurroten Lichte
Laute Stimmen, hell Gelächter,
Überredende Gebärden
Und das frevle Spiel der Augen.

Eine kurze kleine Strecke
Treibt das Leben leidenschaftlich
Und erlischt im Schatten drüben
Als ein unverständlich Murmeln.

Günter Kunert

Venedig I

Düsendonner über der Lagune.
Auf dem Dach die Bronzegäule schreckgebäumt
im ewigen Wahnsinn erstarrt
die Augen aufgerissen und blind
erkennen dich nicht.
Zieh zu den Brücken und als *dein* Lebenswerk
überquere jede
einmal von dieser und einmal von dieser Seite

Jedesmal ist die Welt anders

Aber vergiß deinen Schatten nicht
er reicht bis ins Wasser hinab
wo unter undurchsichtigem Schmutz
die Strömung ihn wegspült. Keiner mehr
singt während der schwankenden Fahrt
eine Zeremonie ohne Ziel
und zu oft wiederholt.

Im Hotel um die Ecke haust ein Mann
namens Dostojewski oder
ist bereits abgereist oder bereits
wieder angekommen.

Die alten Paläste
zerfrißt unser zeitgenössischer Atem
so daß wir sie nicht bewohnen können
trotz inniger Absicht.
Zerbröckeln würde unser Zugriff
den Stein
und alle Geometrien sänken ineinander

wie lautlos wie erwartet.

Günter Kunert

Venedig III

Ein schwerer Luftzug
durch die alternde Konstruktion.
Qual des Erstickens
im weißen Licht der Lampe
aus weißem Glas aus Murano.
Eine Insel nahe Venedig.
Unter den Arkaden der Piazza San Marco
zusammensitzen mit einem Unsichtbaren.
Er heißt Marcel und schon als Knabe
des ersten Bandes wünschte aus Swanns Welt
er sich her.

Aber was suchen wir
in diesem schönsten Salon Europas
(Definition N. Bonapartes), da jede Zeit
seit langer Zeit in der stillstehenden Historie
verschwindet.
Spurlos.
Das wird stündlich verkündet
vom Turm und so laut, daß hoch unter
seiner Spitze auf der Galerie
die Geschöpfe Gottes von der Größe
unseres kleinen Fingernagels
die Mäulchen aufsperren und
die Händchen an die Köpfchen pressen.
Von Glockenschlägen gefoltert.
Was gäben sie jetzt nicht für eine Kammer
aus Kork.

Das dichte Gemengsel von Dächern, von Wasser
umrundet, das sehen sie, indem sie
über uns wegsehen. Denn wahrhaft anwesend
sind wir immer woanders.

Statt eines wächsernen Pfropfens schirmt
der eigene Atem das Gehör ab. Wir lauschen
auf das Geräusch unseres Leidens, das
uns fremd vorkommt. Wie die Töne
einer im Meer versinkenden Stadt.

Sarah Kirsch

Verschwendung

Ich bin übern Platz in Venedig gegangen
Erlöst, bis mir einfiel
Daß es hier Steine gibt, auf denen
Im Winter dein Fuß stand.
Ich habe die Bäume am Meer gesehen
Räudig, und den kümmerlichen Park.
Nachts bin ich in den Kanal gefahren
Und hab deine Lire ins Wasser gestreut.

Ludwig Steinherr

Venedig versinkt im Meer

Von brüchigen Masten
wehen noch
die alten Fahnen
ihres Lichtes.

Doch in den Kellern
von Kirchen und Palästen
arbeiten Pumpen
gegen das Wasser.

Ihr Dröhnen,
Tag und Nacht,
höre ich im Schlaf,

sehe durch knöcheltiefes Wasser
Bodenmosaiken leuchten …

Leise dunkelt
die Erinnerung der Stadt,

in der ich
nie gewesen bin.

für Heinz Piontek

Alexander Gumz

nicht in venedig

ich bin nicht mit meinem sohn in venedig,
so viel ist klar. ich hocke in einem loch
aus metall, das dröhnt jedes mal,
wenn die flut an meinen beinen zieht.

ich bin dünnes papier, knistere
in der dunkelheit. mein sohn verschwindet
hinter den dünen, ein bündel linien,
nur wenig heller.

unsere gondel hat sich verfahren. das gras
biegt sich, tanzt durch den container
der umgebung. etwas kommt von der küste
herüber. strandbären vielleicht

oder die geister der hafenarbeiter. liedanfänge
schlingern im wind, klingen kaum mehr
italienisch. immer wieder, im chor.
trotzdem unverständlich.

ein stapel ansichtskarten, halb von sand bedeckt,
mit dickem filzer übermalt. mein sohn
könnte sie lesen. er könnte die türme darauf
in stelzen verwandeln.

Georg Trakl

In Venedig

Stille in nächtigem Zimmer.
Silbern flackert der Leuchter
Vor dem singenden Odem
Des Einsamen;
Zaubrisches Rosengewölk.

Schwärzlicher Fliegenschwarm
Verdunkelt den steinernen Raum,
Und es starrt von der Qual
Des goldenen Tags das Haupt
Des Heimatlosen.

Reglos nachtet das Meer.
Stern und schwärzliche Fahrt
Entschwand am Kanal.
Kind, dein kränkliches Lächeln
Folgte mir leise im Schlaf.

Joseph Victor von Scheffel

Durst in Venedig

Venedig ist eine schöne Stadt,
Doch im Sommer ist sie zu heiße;
Was frommt mich der feurigste Cyperwein,
Wenn das Herz sich sehnet nach Eise?

Was frommt mich mein prunkender Marmorsaal
Im verlotterten, alten Palazzo?
Tret' ich hinaus auf den hohen Balkon,
Schlimm duftet der Canalazzo.

Die braune Checca streckt sich und gähnt,
Zum Haß wie zur Liebe zu faule,
Und selbst Sankt Markus' ehernem Leu
Hängt die Zunge schlaff aus dem Maule.

Wie traurig, wenn ein Gerechter muß
An verhaltenem Durste leiden!
O, könnt' ich über die Alpen zur Stund'
Auf geflügelter Schildkröte reiten!

Weit über die Alpen in kälteres Land,
An des Neckars wald'ge Reviere,
Nach Heidelberg, nach Heidelberg,
Der Heimat kühlender Biere.

Den Meister Ludwig klopft' ich heraus,
Wie einstmals in besseren Tagen;
Er müßt' mein verkalkendes Duldergebein
Empor zur Molkenkur tragen.

Zur *Molkenkur*, zum großen Faß,
Zum *Falkner* … è tutto lo stesso,
Temo, che divenga di questo calor
Tutt' il mio esser perplesso!

Oskar Loerke

Staubes Wege

Wir Enttäuschten lächeln, nun wir
Mit den Jahren stummer werden.
Nicht mehr hoch wie Zirruswolken
Ziehen häufig Kummerherden.

Manchmal wohl gleich unbegrabnen
Toten haben wir gelegen,
Eingedrückt das Ohr dem Staube,
Unterwegs aus Staubes Wegen.

Wie die Herzen auf das nahe
Dunkle Herz der Herzen merken,
Spielt die Hand im Sande, spielt sie
Mit zerschellten Tagewerken.

Und wir stiegen als gewesne
Große Herren auf die Throne,
Mensch- und Tier- und Blättermunde
Öffnen wir als Salomone.

Dogen von Venedig, richten
Wir dem Meere die Vermählung:
Land verlassen, Länder sichten,
Wogt die greise Welt-Erzählung.

Völker grünen hoch wie Seegang,
Sinken hin mit weißem Scheitel,
Schallend: es ist eitel alles!
Lauter schallend: nichts ist eitel!

Durch das Dach der Himmelshöhle
Wächst in weißen Stalaktiten
Ewigkeit; doch daß ein Tropfen
Falle, mag kein Mund gebieten.

Rainer Maria Rilke

Spätherbst in Venedig

Nun treibt die Stadt schon nicht mehr wie ein Köder,
der alle aufgetauchten Tage fängt.
Die gläsernen Paläste klingen spröder
an deinen Blick. Und aus den Gärten hängt

der Sommer wie ein Haufen Marionetten
kopfüber, müde, umgebracht.
Aber vom Grund aus alten Waldskeletten
steigt Willen auf: als sollte über Nacht

der General des Meeres die Galeeren
verdoppeln in dem wachen Arsenal,
um schon die nächste Morgenluft zu teeren

mit einer Flotte, welche ruderschlagend
sich drängt und jäh, mit allen Flaggen tagend,
den großen Wind hat, strahlend und fatal.

Rudolf Hagelstange

Weit in die Runde schwingts wie Taubenflug,
der Campanile bebt in den Gewölben.
Ein Baldachin von einer bläulich-gelben
rauschenden Seide, die ein Wolkenzug

durchwirkt mit lichterfüllten Ornamenten,
spannt sich der Himmel über Platz und Dom,
und aus den Gassen drängt der Menschen Strom,
die sich gleich euch von ihrem Schatten trennten.

Sie wandeln redend, lachend im Gewimmel
und spreizen sich, wie Vögel ihr Gefieder,
und freuen sich, in großer Schar zu sein.

Dann kommt des Mondes Sichel, schlitzt den Himmel.
Er stürzt, und Dunkel fällt hernieder.
Und nun beginnt ihr wieder wahr zu sein.

Birgit Kreipe

in transition

geflügelte löwen, ein flügel laub
ein flügel wolke. der zauberer
größtes genio del museo außerhalb ägyptens
hat sie laufenlassen. lass es hunde sein.
sie traben auf den chippewapfaden
der besucher, einzuholen nur für mich
mit meinen siebenhundert stiefeln aus geschichte.
ihre zungen türkis, hecheln fern vom wasser
das die mürben kammern der häuser durchdringt.

auf löwenart sprechen sie
über wasser, das kreisen der vaporettos
in einem späten film von visconti
über jeans, mokassinstiefel, kurze ärmel.
bald verblassen sie, sepia.
alte postkarten.

am abend sind sie verschwunden.
es bleiben lichtreflexe
unsichtbare wellen, sterne
die am grund der lagune aufgehen.
es war der sonnenuntergang
der sie getötet hat. sagt der zauberer.
er zieht die glasjalousie zurecht
so dass man den echten himmel sieht.
sie werden gegenwart, sie werden meer.
gegenwart.

Carl-Christian Elze

venezianisch venerisch

I
ich drück venedig in die venen
ich will verliebt sein
& wenn ich tauben schänden muss.

II
die serenissima lässt sich lecken
von allen seiten, salzig, schenkeltief
wie viele pfähle hat sie wohl im schoß?

III
gib mir das tropfnasse V, gib her
was du versprichst, taubenäugig
lustwässernd, palastig vergondelnd. sieh her
ich will mich verschenken. klopf mir den putz ab
für die nacht. lass mich verfallen
sein & auch verkommen.

IV
er hat mit offenen hosen dagestanden
in den blassen wasserarmen
nur die ratte fand es lustig.

V
die ratte vorm palazzo surft
im gondelwellenschlag maskiert
auf einer pizza margherita
japsen blitzen durch die nacht
sehnsucht fällt wie seuche an
venedig hat dich ausgelacht.
(komm zu mir & stoß dich ab
versteck dich tief vor dieser stadt!)

VI
die kleine geisha mit wenig brust
in der basilika trocknet sie ihm
mit zellstoff das haar
draußen säuft san marco ab
er soll gesund bleiben, er fotografiert
marmorplatten für zuhause
die aufgeplusterte taube glotzt
fassungslos über so viel hingabe.

VII
verkehren wir wirklich oder lichten wir nur
unsre geschlechtsapparate ab
ohne blitzlicht im dunkeln
reiben kodakpapier auf kodakpapier
& die brücke die seufzt
wird sony gemacht.

VIII
es sind noch viele kanäle zu stochern
paläste zu zimmern, tauben zu züchten auch
um frauen zu haben, weichhäutig-glutäugig
& bis zur nasenspitze kirchensanft
wenn mir der glanz vom knochen springt
muss ich spätestens
venedig sein.

Hans Magnus Enzensberger

Bildungsreise

Hunger leiden in Patras die Millionäre
Der Himmel ist ein gläserner Hut
Unterm Pont Alexandre Trois seinen Teppich zu klopfen
ist eine strafbare Handlung
Für geringes Geld ist feil eine nördliche Insel
Mit zweimal fünf Zähnen küßt man einander in Jerez
Ein Karussell heißt Pferdemühle in Holland
in Spanien Hurtiger Vetter
Länder gibts ohne Türklinken andere ohne Trauben
Hier sind die Briefkästen blau aber dort gelb wie Dotter

In Venedig rudern die Toten auf der Lagune
mit vernähten Lippen wie in Burgbernheim
und in Beverly Hills und verfaulen im Golf
von Biscaya auf der Zunge versäumte Gedichte
und im kahlen kastilischen Grund

Diese Kundschaft und mehr hab ich reisend gesammelt
O Welt wahrlich ganz überraschend sind deine Wege
voll Tod und plötzlich voll Teppichklopfern und Tulpen
Wie belehrend belehrend dich zu durcheilen
mit alten Stiefeln und täglich geputztem Kopf.

Rolf Hochhuth

Ostern

Straußens Walzer auf San Marco,
komponiert in jenen Jahren,
da Venetien Wien gehörte.

Fiatflitzer, Pizzaesser,
hagere Katzen, Filmkritiker,
Lehrerinnen, schwule Briten,
Inder, Sari, roter Turban,
Nonnen, wegsehend, weil ein Terrier
stämmig einen Pudel stößt.

Dort höchstselbst der Patriarch,
der bis eben fasten mußte,
stürmt vom Hochamt an die Tafel.

Früh im Dom, der Räuberhöhle
– was dort Kunst ist, ist gestohlen –,
glaubt man an die Auferstehung.
Die Piazza glaubt dem Umsatz,
den Muranos greller Glaskitsch
zweimal wöchentlich erzielt.

Mirko Bonné

Taube in Venedig

Ich glaube, du bist
eine Maske, die flattert,
flattert und fliegt: So gelassen
hektisch sein, schwirren, knapp
über die Leute hin, die Kameras
durchs Geplätscher der Spiegel
schieben. Ich glaube, als Taube
in Venedig würde ich Frauen
aufs Schulterblatt segeln,
und ich würde für immer
Kekshandtaschen lieben.

Falsch, zu glauben,
nur auf Kringel sind sie aus.
Ich glaube, man verkennt Tauben
in diesem Licht, wo selbst Brodsky
die Macht des Auges verkannt hat:
Es sieht die Maske, es flattert mit,
flattert flügellahm. Ich glaube,
Tizian schasste Tintoretto,
sobald der Augen bekam.
Trakl fuhr Dampfvaporetto,
er hasste das alles und litt.

Ich glaube, es ist
dem gereimten Taubenschlag
nichts hinzuzufügen, keine Spur
zu hinterlassen außer den Kippen
der abendlichen Runde übers Ufer
der Barmherzigkeit. 500 Jahre lang
Geisterstunde, und es wird nicht
Zeit. Dort das zerfetzte Segel,
man könnte glatt glauben,
eine Galeasse fährt ins Arsenal.
Wildes Geflatter im Lagunensaal.

Rose Ausländer

Tauben im Battery Park

Tauben
Venedig im Battery Park
Vor der Statue of Liberty liegt
der atlantische Lido

Der Ahornschatten flicht Blätter ins Haar
Finger streuen Manna für fette Tauben
Die verschmolzenen Jahreszeiten
schlagen an den Nacken

In der Luft funkeln gefiederte Fische
Schneefedern mitten im Mai
Ein Schwarm Tauben mit trägem Aufschwung
schüttelt weiße Hagelkörner ab

Boardwalk am Battery Park
voll Geplauder und
regelmäßiger Musik der Turmuhren
die rühren die Traumtrommel im Ohr Schlummernder
wenn in der Mittagspause
Länder vorüberbrausen
mit Küstengeruch aus Salz und Gewürz

Eine Welle wirft Neapel ans Land
im Hintergrund rauscht der Vesuv:
ein Schornstein umflimmert von einem
Taubenschwarm

Hendrik Jackson

Venedig im Radio

wenn Musik im Radio aufspielt *(schneiende) (springende)*
Glühwürmchen
– blüht da Italien? es streckt den Arm aus dem Fenster, neun
Uhr abends
ich kenne kein weites Land keine Patrizier, aber auf der Allee
auch

italienisch. ach, wie russisch: *(Nebel)* Bilder an die Heimkehr
(in die Nacht)
(die Umnachtung) oder an die *(Nacht der)* Heimkehr binden,
die Stadt wie
Gewachsenes *(Ungeheuer) – die Lagune der fauligen*
Wasserstadt (Aschenbach)

Meer mit Purpur verwoben, die Stimme versagt wieder im
(feucht) Saturnischen
(in den Tälern) düster, durchwischt von Licht, schiebt sich
eine Platte vor
(mit Schwarz) – aber im Sommer (fern und gelb wie Korn)
blendet der Palazzo

Hanns Cibulka

Brief aus Venedig

Mein Sohn,
auf hundertachtzehn Inseln ist die Stadt erbaut.
Mit der Krone des heiligen Markus gekrönt,
wachsen Kirchen und Paläste aus dem Meer empor.
Bis in den Traum hörst du den dumpfen Schlag
der Gondeln, schwarze Galionsfiguren.

Die herrlichste Kulisse, die ich je gesehen,
die Markuskirche, Parvenü und Karneval.
Die Wände sind mit Gold kaschiert,
Alabastersäulen zieren das Gewölbe,
der Boden Mosaik, und auf dem Hochaltar
die Schmelzarbeit aus Gold- und Silberplatten,
gespickt mit funkelnden Juwelen.

Vor ihren Toren aber stehn drei Flaggenstangen
aus dem harten Holz der Ceder,
die unterjochten Königreiche
Cypern, Candia, Morea.

Hart am Meer, wo die ertrunkenen Sterne
an das Ufer treiben, steht der Palast des Dogen.
Aus Marmorblöcken, weiß und rot, ist er gebaut,
die Loggia wird von einundsiebzig Säul'n getragen,
Söldner, Gold und Kalkulation. Hoch im Blau
der Löwe mit den schwarzen Flügeln.

O leise Ironie im Sitzungssaal des Dogen.
Shylock spricht:
»Ihr habt viel feile Sklaven unter euch,
die ihr wie eure Esel, Hund' und Maultier'
in sklavischem, verworfnem Dienst gebraucht,
weil ihr sie kauftet. Sag ich nun zu euch:
Laßt sie doch frei, vermählt sie euren Erben;

was plagt ihr sie mit Lasten?, laßt ihr Bett
so weich wie eures sein, labt ihren Gaum'
mit eben solchen Speisen. – Ihr antwortet:
Die Sklaven sind ja unser.«

Königin der Meere, wohin sind die Profite,
die Damen, die ihr Haar an Adrias Sonne bleichten?

Hinter den galanten Steinen
mondäne Bordelle, abendländischer Tourismus.
Auf deinen Plätzen aber steht das Proletariat,
Menschen mit einem gemeinsamen Wort,
einem Atem, einer Zunge.

Hüte dich, mein Sohn, vor dem trunkenen Blick
aus dem Fenster. Die Schönheit
wandelt auf dem Wasser, grausam wie Narziß,
der nur sich selbst kennt und die Welt vergißt.

Mascha Kaléko

Brief aus Venedig

Venedig gilt als Ziel der Hochzeitsreise.
Ganz solo fühlt man sich hierorts als Waise.
Die kleinste Gondel hat für Zweie Platz.
Und »Baedeker« ist schwerlich ein Ersatz.
– Warum nur reimt das Kosewort »Venedig«
In unsrer Landessprache sich auf »ledig«?

... Daß es so blauen »blauen Himmel« gibt!
Ich bin hier (rein intransitiv) verliebt.
Intransitiv, so sagte ich, Signore!
Das heißt: Ich tu hier alles con amore.

Das alte Villenhaus, in dem ich wohne,
Bezaubert mich mit Farben von Giorgione.
Im Grandhotel der Kellner namens Dante
Bringt meinen Lieblingswein, Asti Spumante,
Und eine Venus à la Botticelli,
Serviert mir meine Brodo Vermicelli.
Dazu spielt abendlich das Lido-Trio
Musik von Verdi und »O sole mio«.

– Mein Zimmernachbar ist ein Bajuvare,
Der hauptberuflich preßfotografiert,
Und sich in seine quasi Künstlerhaare
Ein Viertelliter »Olio Rosa« schmiert.
Er kennt den Grundstückswert der Prunkpaläste
Sowie das Bankguthaben hoher Gäste,
Und alles, was hier malt, singt oder dichtet,
Hat er fürs Heimatbüchlein jüngst belichtet.

Ich habe mir schon vieles angesehn
Und fand das meiste vorschriftsmäßig schön.
Im Markusdom und anderswo erkennt
Sogar der Laie frühen Orient;
Byzanz, Judäa, Griechenland, archaisch …
Mir scheint so manches Mosaik mosaisch.

In Santa Maria della Salute
Hingegen ward mir katholisch zumute.
Doch über dem Weihrauch und über den Messen
Hab ich jenes alte Warum nicht vergessen:
– Warum nur, wenn alle Maria vergöttern,
Verfolgt man Mariens judäische Vettern?

Statt Antwort kam Geläut der Vesperglocken,
Gemischt mit gregorianischem Choral.
Und auf der Brücke über dem Kanal,
Im Ghettoschatten sah ich Shylock hocken …

Ich seh ihn immer noch, von Zeit zu Zeit.

… Venedig liegt im Herzen von Italien
Und auf dem Breitengrad »Vergangenheit«.
– Doch lassen wir historische Lappalien!

CE
CAVO ELETTRICO

ARS AEVI
SARAJEVO

Francisco
Tropa

Rolf Bossert

Post nach București, Romania

1

Aus Berlin kommt das dünne Buch, Berlin West, zweisprachig, Ted Joans, Der Erdferkelforscher
Keine Begleitzeile
Ein Freund

2

Aus Venedig die Karte, mein flüchtiger Blick, San Marco, taxiert
Filzstift, bekannter Zug, Ciao! oder alles was man sich so wünschen kann. Auf den Tag genau ein Jahr seit wir uns zuletzt gesehen haben. Cincin
Ein anderer Freund

3

Bildunterschrift, viersprachig, deutsche Variante Der Markusplatz mit die Flut
Der schwarze Amerikaner sagt, Seite 18, Every breeze here is a new poem
Wenn ich mal lachen werd, lache ich mit die Flut
Die heiteren Bomben im Rückgrat im Aug und in jedem Windzug

Jacob Burckhardt

Aus Venedig

Ja, Cyperwein und schöne Frau'n
Und Sang und Klang bis Mitternacht,
In Gondeln liegend anzuschaun
Bei Mondlicht der Paläste Pracht,
Und von Canale zu Canal
So still und pfeilschnell hinzugleiten –
Mein Junge, komm, probier's einmal,
Das sind der Erde Herrlichkeiten!

Und doch, es stillt dies Herze nicht,
Es gibt ihm nicht den süßen Frieden,
Der leis aus *Roms* Ruinen spricht,
Wenn voll die Sonne hingeschieden,
Wenn Abendglut die Stadt umwallt,
Und Tau sich mischt und Blütendüfte,
Wenn von den sieben Hügeln schallt
Der Glocken Laut in reine Lüfte.

Dort krönt des Coelius steiles Haupt
Der Passionisten Klostergarten
Mit ewigen Eichen dichtbelaubt,
Und wie von hoher Veste Warten
Schaust du hinab und schaust ringsum
Nur Trümmer aus Weltherrschaftstagen,
Ein weltgeschichtlich Heiligtum,
Und in den Wipfeln um und um
Duftet's und Nachtigallen schlagen ...

Schwarz ragt ins gold'ne Abendrot
Des Capitols geweihte Veste,
Drunten im Forum reihen sich
Der Tempel und der Bogen Reste,
Und in des Colosseums Schlund
Siehst du hinein – dann ohne Grenzen
In Vignen, Klöster, bis von fern
Des Lateranes Giebel glänzen.

Und ernst dir gegenüber steht
Der Trümmerberg, der Palatin,
Dem einst verheißen vom Geschick
Die »Herrschaft ohne Ende« schien.
Am grünbewachs'nen Bogen lehnt
Der Kapuziner Klosterhalle,
Und eine hohe Palme weht
Im Abendwind am Mauerwalle. –

Hier war's, mein Junge, wo mir einst
Im Herzen alle Wünsche schwiegen;
Mein Schicksal schwand, vertrauensvoll
Dem Weltgeschick sich anzuschmiegen,
Und freier schlug das enge Herz
Vor der Geschichte Gegenwart –
Doch sieh, schon steigt der Vollmond auf!
Der Markusplatz, die Gondel harrt!

Cyrus Atabay

Venedigs braune Nacht steht hinter deiner Maske
in ihrem Lächeln ist Aprils plötzliche Helligkeit
und Sonnenfinsternis
Deine Tage sind voll von Geschichten
die dir ein Harlekinskleid anlegen
aus Flicken zusammengesetzte Abenteuer
verschiedenfarbige verquere Konstellationen
Deiner Herkunft nach ein Bauer aus Bergamo
trägst du die Zeichen deines Ursprungs
wie Pollen von Provinz zu Provinz
in einen anderen Raum hinein
Als Liebhaber ragst du ins Unwirkliche
durch deine Sehnsucht
du spielst deine nicht eingebildete Agonie
bei offener Szene

Rainer Malkowski

In Venedig

Das Wasser im Nebenkanal,
nur scheinbar
eine abseitige Existenz,
die mißmutig
ein paar Obstschalen schaukelt,
steht in Verbindung
mit den Weltmeeren
und könnte einen Joghurtbecher
aussenden
nach Feuerland.

Schon, schon
murmelt es am Fuß
einer Treppe:
aber doch wohl mehr
theoretisch.

Peter Gan

Venezia

Friedloser Friedhof toter Träume
aus Salz und Tang
Gleichmütig wandern Wellenschäume,
wo es versank.

Der welke Duft hat schon vergessen;
die Sandhuhr rinnt.
Die vage Weite unermessen
gehört dem Wind.

Friederike Roth

Sag Venedig

Sag Venedig
Jeder dreht
blödsinnig geworden die Augen nach innen
steht im Liebesreigen schon drinnen:
Männer Köpfe Frauen
und die Erschaffungslieder der Menschen
Laster Tugenden
Musikanten und Monster.

Venedig? Ein zynischer Trick
denke ich noch
schon aber sehe ich klar
mit müden, fast geschlossenen Augen:
Tatsächlich diese wunderbare Biondina –
in weißer Seide einst
perlengeschmückt orangenblütenübersät.
Doch ein Trick? Carpaccio im Blick:
Ein Drache, der einen Menschen verspeist.

Du bist ein Engel
sagt einer: schmal und blaß
Glut in den Augen, die Locken noch naß.
Ruine einer Pracht von einst.
Du bist ein Engel
sagt er, so ernst als wärs wahr
und streicht mir übers Haar
das nur so flimmert
vor falschem, aufgesprühtem Glimmer:

Das wollen wir so sehr noch immer.
Alles Gewimmer
ist Lüge.
Wir wissen trübe:
Wir wollen ein Glück.
Es macht uns verrückt.

Ja
Gläserklang war da
beim Glückwunsch auf ein wieder Neues Jahr:

Tage vertan Jahre verschleudert
ein Leben verpaßt
Leichen gefunden und
Kostbarkeiten aus vergangener Zeit.

Sag Venedig.
Glaub nicht, ich hätte an irgendein Elend
gedacht. Schön, viel zu schön
war die Pracht jener Nacht.

Ein Nebel war draußen.
Gejammer war fern
Drinnen innen der Glanz.

Robert Schindel

Immernie 2 (Venedig)

Durch deutsche Städte ich unter dem Schieferhimmel
In mich gebeugt und wechsele die Jacken
Die Frühlingssonne scheint auf meinen Nacken
Deutschland ist voll von Leuten, das Gewimmel

Doch in Venedig, dieser Gauklerstadt
Steht Sine vor dem Fenster, und ihr Haar
Hängt ins Gesicht ihr, und halbiert das Augenpaar

Doch ganz der Blick von Cannaregio her und immerdar
Finden die Explosionen in den Kammern statt
Das fade Herz, ich hatte es schon satt.

Tzveta Sofronieva

I want a woman

I want, I want, I want a man like that.
Chris Abani, »Daphne's Lot«

Eine Flaschenpost – aus irgendeinem Venedig über den
Ozean geschickt,
ob aus Kalifornien oder Italien, steht nicht drauf – spricht
einfach:

»Ich will eine Frau, die morgens nach der Erinnerung an
mich duftet.
Der Duft von Genuss, dass es mich gibt,

der, genau der und wieder der, der ich bin. Ich will eine Frau,
deren Füße mit der Erde streiten, wem ich gehöre,

deren Augen mich träumen und meinen Durst austrinken,
deren Brüste Milch verströmen für unser Kind,

und deren Hände voll Kraft sind, wenn sie
meine sorgenbeladenen Schultern umklammern.

Ich will eine Frau, die von meiner Stimme warm wird,
die mich erwartet, mich, mich erwartet, ich will.«

Ron Winkler

Venezia non finito II

du öffnetest den Mund zu
einem Tag, ein Wetter wie ein Fittich
deckelte sofort die Stadt, sie war
so wunderschönes Salz in ihren Festen,
Salpeter blühte überall, manchmal,
doch *war mir* kein Rezept
für solches Weiß. ich schlug ein
Kreuz in einen Kreis, die Sonne wirkte
zentral und deine Hand voll
Irgendwas, das du
auf deine Stufen warfst, begann
zu leuchten und die Wellen Wellen Wellen
hatten sofort die Form
von abgeflachten Dogenkappen, ging dir dieser Palast
nicht doch ganz nah? nicht doch, auch
der Wind war nicht der Horizont,
und ich lebte nach links, du konntest es
weitgehend schmecken, sobald ein Rilke weiß
den Raum betrat, piano,
und ihn durchlief auf seinen Sohlen
ohne Leib. ich leih dir gern, so sagte ich,
recht »fürstlich verwöhnte Fenster«, ein paar,
und Augenblicke eingerahmt
in Licht, *o sole mio*, noch
schliefen unsere Streicher nicht,
noch streiften ja nicht die Schläfer
und warteten mit Regen auf, warfen
mit renaissanter Geste Regen
auf die Illuminaten, die unsere Tage
zu küssen versuchten
wie einen Mund.

Ricarda Huch

Das Denkmal

Meerstadt im Süden,
Ein Hafen, wo's nach Fisch und Fäulnis roch,
Den längst die Schiffe mieden.
Auf dem zerbröckelnd alten Markte stand
Ein Denkmal, ein verzückter Komponist,
Die Geige wie ein Zepter in der Hand.
Wer weiß noch, wie er hieß?
In Körben um ihn her das Meerzeug kroch,
Laut feilschten Gier und List.
Sein Lied, einst liebentglommen,
Schwang über Bettlern, Krämern, unvernommen
Dahin, – o tragisch süß!
Nachts lagern sie in Chören um ihn her:
Gekreisch der Möwen und des Sturms Geläut,
Die hohen Sterne, Mond und Meer,
Aus Muscheln kommts posaunentief geschwommen.
Inmitten der Melodische gebeut.

Werner Riemerschmid

Das Denkmal des Bartolomeo Colleoni

Im feuchten Spiegel bebt der Bug der Brücke,
Stumpfbleich und braun, teerschwarz, salpeterfarben
Gewölbt um Tiefe. Aus getünchten Lücken
Klatscht es wie Beifall: Schlamm, Lagunengarben.

Die Totengondel trägt in schwarzem Gleiten
Vom Krankenhaus zum Schlaf im Inselgrabe
Erkaltetes in die Vergessenheiten.
Ringen noch Teufel, Engel um die Gabe?

Entrückt der Zeit, dem irdisch-fahlen Trosse
Aus Wahn, aus Schuld, aus Haß und Streit um Ehre,
Zu Erz gehärtet, herrisch auf dem Rosse,
In Ruhm vereinsamt, wacht der Condottiere.

Richard Dehmel

Venedig: Punta della Salute

Hier möcht ich sterben, alt, wie Tizian starb,
doch in verhängter Gondel und allein.
Durch einen Spalt nur glühn im Abendschein
verwitterte Paläste glorienfarb.
Schlaftrunken schaut die Wasserfläche drein
und haucht mir eine Seelenruhe ein,
die niemals um ein ewiges Dasein warb.
So möcht ich sterben ... aber leben: nein!

Dieter M. Gräf

Calle Corner, Venedig. Lost

die vom Barmann gerollte
Pappe: erjault die ab
treibenden Kinderseelen,

Venedig in eine weitere Nacht.
Allein, im schwächelnden Bett
der Foresteria mit Luke, hinter

der's Wasser schmatzt, klatscht,
sich ranwirft und reingeht
im Klang: Metall der Motor

boote; Klavier, ein neuer
Tag. Seine Hochwassersirene,
seine die mannsbreite Gasse

herunterhängenden Müllbeutel,
giacomettihaft hoch, ihre
zwei 90-Grad-Knicke, ihr Hammer-

und-Sichelgeheimnis, in das
man sich verlieben kann,
in eine Bar, den Untergang,

in die Schrittlinien derer, die
sich auskennen am Campo
San Tomà, in die Legatoria,

diese Sprache, in der Nanou
nun vögelt, in den Frevel,
sie nicht zu verstehen, ins Weiß

der Unterseite von Flügeln;
das wilde Taubenhundert um
den alten Mann, der sie füttert,

als wären sie sanft wie
der Löwe, wie Sebastian,
von Pfeilen durchbohrt,

die das Quattrocento uns schenkt.
Dann Tintorettos Licht-aus-
Taube (und sonst?); der Hand

werker in der Waagrechten
unterm Kreuz (Anonimo veneto).
Das Rascheln der Müll

tüten an den Füßen bei Hoch
wasser; die Gestiefelten und die
Barfüßigen in den November

hinein. Biberstadt; die Nono
stadt sinkt nicht, sie singt.
Die operierenden Arbeiter

der Giudeccaseite. Im Internet
point Waschmaschinen,
Gerahmtes: die Wasserkunst;

Wäsche, auf Pinienhöhe
gehängt. Riesen
spielzeug, das herumsteht

als Bagger. Kleinster
ausrangierter Fernseher
an der roten Uferbank, Holz

schwanzpfahl und sich auf
türmende Abfallcontainer,
ihre Zweige und Teppiche

zum Dogen hin, *La Beltà.*
Drüben: durchgegondelte
Japaner, angefeuchtete

Marmorteppiche der Markus
basilika. Feucht werdender
gesternter Dodekaeder,

von Rankenwerk umgeben,
löse uns aus der Erstarrung,
auch du, südliches Querschiff,

deine nassen Polyeder,
Pyramiden, Parallelepipeden,
der sich freischwimmende

große Lapislazuli in der Mitte;
den irgendwann modrig werdenden
Bändern aus Blumenranken

und vierblättrigen Blüten da
unten wären wir anzuvertrauen.
Wegflutende Einlegearbeiten sein,

wie grüner und roter Porphyr,
griechischer Serpentin, farbige
Brekzie, auch in unserem Marmor

diese fein gezeichneten Zwischen
räume mit Greifvögeln, die auffliegen,
schweifende Adler, Rhinozerosse,

ihr Thronen im Schlamm.
Begegnung mit einer Verrückten,
denn sie lehnt ihren Kopf

an meine Schulter, und wir
halten unsere Hand, bis sie auf
steht und die Hose herunter

lässt am Dogenpalast. Stege,
aufgestellt für Normale, die
auf Umwegen übers Wasser

gehen, was man sonst auch
macht, hirneigenes
Stegeprogramm. In einem

Traghetto vom Wirklichen
ins Unwirkliche übersetzen
– die Nächte mit Nanou

werden unwirklich werden –,
aber auf der Überfahrt und
auf den Irrwegen der Gassen,

die uns plötzlich in die Weite
der Plätze hin weiß machen,
die uns löschen: Serenissima,

unmögliche Möglichkeit, hier
ist keine Gegenwart hier
ist keine Vergangenheit hier

ist keine Zukunft hier ist alles
Barmherzigkeit, mit den Brüsten
des B, sie schwebt über dem

Wasser, bin Sebastian, flöte
nun mit alten Wörtern zurück,
verhöhnt-verwöhnt von den netten

Monstern der materialistischen
Zeit, den Großärschen, Häppchen
blühern, dem Geschickten und

der Flinken. Erbarmen mit allem,
Vergebung. Und wo es nichts
zu vergeben gibt, das. Im Vaporetto

des Vergebens oder Vergehens
hinaus, aus dem *Paradiso perduto*
hinaus – aß die breiten Spaghetti,

sie trieften vor Schwärze –, hin
zu den Wächtern hinter den Palästen,
Erscheinungen meiner abtreibenden

Kinderseele, zum Rohrsänger,
dem kleinen Knutt, der
Wasserralle, dem Fischreiher,

dem Kormoran, hin zur Bart
meise und zum Löffler
mit dem langen platten Schnabel.

Von hier aus grüße ich dich, und sie.

Armin Steigenberger

sprachsplitterkanal

gondelgold tropfen über ausverkaufte salz
glasgeblasene strudel am goldsilbertrail die

treppen taubenkirr ins nichts wo moosquaste
gähnt durch die gassenschluchten der strom

der ugly amici aufgetürmte dogenpalazzi
über primacolazione möwenflappend cawing

zieht arbeiterstrom heimwärts via piazzale roma
durchs nadelöhr quoll's an einsamen brücken

köpfen serenissima fünfsternmosaike murano
verglaste augen und rüde juve merda interrufe

am rivus altus cannaregio ghetto nr. 1 labt dich
die venetische wunderwelt mit meerseitigem entree

Sylvia Geist

Kleine Barena

Wenn ich mich verspielte
in der schwarzweißen Allee,
sah es aus wie zu Hause
nach der Flut.

Kein Ziegel mehr am Abend,
Lagune unter Terpentin, das Wolkenöl
von einer Wand gewaschen, Schimmel
für den hohlen Zahn des Campanile,

krumm wie mein Urgroßvater
ihn nie gesehen haben kann –
alles fand sich im Gemälde
über dem Klavier

verkehrt und trieb
mit den zerschlagenen Puppen
der Töne den Tauben zu, den Stillen
ans Fenster. In sich

verkehrt und wunderlich,
die Stadt im Ordovizium, wo er
in einer Gondel lebte, in seinem selbst
gemachten Anzug und in Taubentönen

das Gesicht. Vernünftige Farben
hatte er keine, Rot kostete das nasse Brot,
Grün behielt Gott – oder Blatt – *schau*,
sagte er mal zu seiner Jüngsten und

ich glaubte ihm. Natürlich haben wir
nicht geredet, doch ruderten wir
die Barena hoch in einem Lied,
klarte es auf über dem Boot.

für Mirko Bonné

Michael Krüger

Hotel Malibran, Venedig

für Jarek

In der Gasse unter meinem Fenster
begrüßt morgens um Viertel vor fünf
der Metzger die Bäckerin
wie vor fünfhundert Jahren,
und im unsichtbaren Himmel
über mir lachen die Tauben
über die unenträtselten Sprachen.
»Alles, was in dieser Welt
seinen Anfang nimmt, hat auch
in dieser Welt sein Ende.«
Eine Seite wird aufgeschlagen
im dicken Buch der Schlaflosigkeit,
und mit geschlossenen Augen
lese ich, wie man die Stummheit der Welt besiegt.
Eitle Sätze,
die das falsche Trotzdem feiern
und das fadendünne Immerhin,
kein einziges goldüberströmtes Staunen.
Ich will die Geschichte vom Anfang
hören, später, wenn wir mit dem Boot
über die Lagune fahren
und das Wasser sich teilt,
so als würde ein Fallwind wütend
in ein Maisfeld brechen.

Arno Reinfrank

Venedig heute, morgen Amsterdam

Die Gondeln von Venedig mit den Außenbordmotoren
erwarten (bunt bemalt) Touristengäste zum Gesang,
der aus den Transistoren tönt für eine kurze Fahrt
durch jenes Element, in das die Stadt versinkt.

Touristen sind vom Augenblick bezaubert
und unbeschwert wie jene, die in Amsterdam den Zug
verlassen und auf einem Boden stehen,
den man der See mit eingerammten Stämmen abgewonnen.

Das Wasser kenne keine Balken, geht die Redensart,
und voller Stumpfsinn, den die Zähigkeit verstärkt,
will es uns in Venedig heute, morgen schon in Amsterdam
die Richtigkeit der alten Spruchweisheit bekräftigen.

Doch mit der Zähigkeit des Wassers (und dem Gegenteil
von dessen Stumpfsinn!) sind die Statistikstudien zu
vergleichen,
die noch im Wesentlichen unverrückt, wiewohl sie schon
Simon Stevin im sechzehnten Jahrhundert angestellt.

Ihm fehlte nur der Stahl (mit Plasten jetzt beschichtet),
um das Skelett in jene Betonpfeiler einzulegen,
die unter Einhaltung vorausberechenbarer Kraftgesetze
im Sand als Felsen unsres Technikwissens stehen.

Das Sprichwort aus dem Lyrikmund des Volkes hat dadurch
zwar im Bezug auf Holz an Wahrheit nichts verloren.
Doch da zum Volk jetzt Grundbau-Ingenieure zählen,
bleibt dieses nur: den Fakten neue Wortweisheit zu finden!

Hans Mathie

Morgen in Venedig

Äugt der Morgen
Mit dem flügelnden Löwen
Über die Tauben,
Die die Stadt leerpicken

Von Nacht; zieht eine Gondel
Schwarze Stille
Durch das erwachende Blau
Deines Blicks.

»Mach dir die Welt zu eigen«:
Singt eine Frau;
Lautlos auf Maulbeerzweigen
Verdunstet Tau.

In der Glocken
Grufttiefem Schweigen
Lockt, zögernd meerwärts zeigend,
Ein Duft:

Nelken, Muscheln und Fische –
Eine Opferkelle voll Welt,
Auf blanken Händlertischen,
Rings von Sonne umstellt.

Thomas Bernhard

Venedig

Aus den faulen Fischen,
aus den faulen Katzen,
unter den zerquetschten Sommerfrüchten
wächst dein Ruhm:

Maria della Salute, Ca d'Oro,
Colleoni, Palazzo Ducale …

Ich zähl meine Münzen auf der Treppe,
leg mir Schinken auf das trockene Brot
und erinnre mich an den Giorgione
mit den angefressenen Wolkenfetzen,
der den Titel
        »la tempesta« trägt.

Joachim Sartorius

Venedig

Die Lagune beharrt auf ihrer Grenze.
Keine Autoreifen, die im Regen dampfen.
Die Kranken mit Blaulicht
auf blauen Booten kutschiert.
Statt Pound finden wir Sonia
auf dem Cimitero San Michele,
junge Frau aus grüner Bronze,
ruhend auf rotem Porphyr,
Chignon und aufgeworfene Brüste,
unweit von Stravinsky und Diaghilev.
Eine *adoratrice* hat Spitzenschuhe
an den Schalenfuß gebunden.

Ein Meer künstlicher Blumen
wie zu süßliche Worte:
zum Einreißen und Verstreuen
auf der versauten Lagune.

Robert Faesi

Venedig

Die Stadt aus Glas – mit sachter Kunst geblasen;
Nur daß der Kelche keiner mehr enthält
Als Licht. Lächelnd ist alles umgestellt:
Im Wasser spiegeln spielend sich die Vasen.

Verletzlich zart ist Anmut. Immer bricht
Vom Rand ein unersetzlich feiner Splitter.
Dann geistert regenbogenfarb Gezitter
Wehmütig um das Kleinod. Weint das Licht?

Durs Grünbein

Venezianische Sarkasmen

2

Schlaftrunkne Frage: Warum Venedig? So muß ein Wasserspeier,
Ein Faun aus Bronze sich fühlen, während sie nebenan beichten.
Morgens gehört den Möwen die Stadt, und sie lachen dich aus,
Gnadenlos, diese Beutejäger, blitzschnell herabzustoßen bereit.
Es sind Räuber wie du, auch wenn ihr Gefieder in Weiß und Grau
Dem auf den Schultern des zartkolorierten Tiepolo-Engels gleicht.
Dann reißt ein Dieselmotor dich aus den Kissen. Nach Plan dreht
Der Wasserbus erste Runden, pflügt die Wellen auf für den Tag.
Öffnen der Fensterflügel, der Fächer geht auf. Seht doch nur, seht,
Wie das Wort sich entfaltet zum Paraklet, der am Kalkstein nagt.
Frühsport ist die Verbeugung vor Palästen, alabastern verwittert.
Soviel Schmutz, soviel Geist in Lünetten, Reliefs, Architraven.
Überall nistet Unglück sich ein. Hinter schweren Bordüren fällt
Das Fleisch der Schwermut anheim mit Falten und Alterszittern.
Gaunerei neben Größe, und Venus wird für ihr Nacktsein bestraft.
Doch momentlang genießt man ihn, den Stehempfang bei der Welt.

3

Weißt du noch, die düstere Calle in Form des gespiegelten L,
Die uns bis in den Traum hinein folgte, unser täglicher Gang?
Strahlender Himmel, Oktober, doch an der einen unguten Stelle
Fielen dir Seufzer ein, Bleikammern, und der vitale Gefangene.
Dort auf den glitschigen Steinen, im Taubendreck war es nie hell.
Der Mauerputz, bröckelnd, verleugnet, daß du jemals hier warst.
Diese gräßliche Gasse, leicht zu erkennen war sie, selbst nachts,
Am Geruch als Gemeinschaftsküche und öffentliches Pissoir.
»Venedig stinkt.« *Certo*, wer hätte im voraus nicht daran gedacht
Sie trägt es mit Fassung, Geschichte hat längst ihr Urteil gefällt.
Für Klaustrophobe der reine Horror: so erscheint diese Stadt
Von oben wie ein Laborlabyrinth mit ihren engen Parzellen.
Als wären, was unten flink um die Ecken huscht, lauter Ratten.
Dabei sind es Menschen, vertraut mit den Schauern im Nacken,
Wesen wie wir, die bei jedem Geburtstag sich lächelnd quälen.
Zur Strafe werden sie, ihre Schatten, im Vorübergehen bekackt.

4

Was für ein Glück, am Fenster zu stehn dort am Rio di San Polo,
Mit einem Blick zu umarmen, was viel Schrift nur erfaßt.
Dies war der Plan: Sich aufs neue die rege Krankheit zu holen,
Ein paar Löcher reißend in das dürftige Sein, nicht wahr Sarkast?
Wer hält das schon aus, allezeit nur auf der einen Seite zu sein,
Anstatt vorzubeugen ein Stück für die so finstere Strecke danach
Sicher, man lebt dort wie überall, igelt auch im Palazzo sich ein.
Hohe Wände, Gobelins, doch das Kindergeschrei und der Krach
Einer Fernsehshow bezeugen: dasselbe Heute, dieselbe Enge.
Aber etwas ist anders, man selbst tritt verändert auf den Balkon
Hinaus, sieht, wie das Wasser die hohen Bogenfenster bedrängt.
Das Glas erwidert wie Klaviertasten mit lang anhaltendem Ton
Dieses Glitzern von unten herauf, nachts die gelblichen Lichter.
Der Kirchturm, in den Wellen aufgelöst, wird hier zum Minarett.
Als könnte Lagunenluft seit jeher den großen Streit schlichten.
In den Schlaf gewiegt, starrt man auf das Mückennetz überm Bet

9

Ein Wohnzimmer ist sie, die Stadt, für viele hier nichts als das.
Immer noch liest man die großen Namen auf jedem Klingelbrett,
All diese Palma, Grimani, Loredan, die ein Ruf übers Wasser
Hinaustrug nach Zypern und Konstantinopel. In ihren Bettchen
Schaukeln sie selig, wie die Ahnen gratis vermählt mit dem Meer.
Die fragile Kommune – lange schon heißt es »Venedig retten«.
Den Touristen erleiden sie und möchten ihn doch nicht missen.
Er spült das Geld in die Kassen, zahlt für Müllabfuhr, Feuerwehr,
Die Restaurierung der Kirchen im Tausch für Plunder und Prunk.
Manche Schöne, erschöpft sinkt sie nachts halb drei in die Kissen.
Dann schreien die Möwen besonders erbärmlich. Verloren funkt
Das gotische Fenster, der Campanile sein Positionslicht herüber.
Ausstellungen locken, Filmfestspiele, Konzerte und Biennalen.
Streng dich an, Cicerone. Kein Wässerchen wird sich trüben,
Führst du, mit falschen Zahlen gefüttert, die mühsam Geladenen
An den Ort, wo die Nudeln schwarz sind wie der Schlick im Kanal.

Thomas Böhme

November Venedig

1

HIER WAR DER HAFEN GELB und hier
Von Putten weiß. Von Seefahrt blieben Kinder.
Und die zu weiten Hosen bleiben,
die auf den Leinen Blasen treiben.

Und Mauern, die vom Wind Beulen kriegen.
Auf schiefen Treppen räkelt sich das Licht,
da von den Märkten her die Münzen glimmen.
Und wer sich einläßt, kann nach Jahren noch
auf einer Brücke durch die Häuser schwimmen.

Kauf von dem Goldpapier, aus dem man Boote falzt,
nimm auch die Schokolade, eh sie träge schmilzt.
Und laß den Wolken ihre Sonnenhüte.
Und wenn ein Wasser frech durch enge Gassen springt,
wirf einen Ring, wirf einen Kiesel, eine Blüte!

2

WIRF DEINEN RING, das Meer wirft seinen Schleier
zurück, es schreibt mit seinen Salzen
den Pakt auf die Konsolen.
Und von den Kindern, die die Ufer säumen,
wird manches sich schon zu den Fischen träumen.

Und dieses wird das sanfte Meer sich holen.
Und jenes dort erwählt sich der Kanal –
ein schwarzer Kavalier, vor dem sich die Paläste
und selbst die runden Kirchen
verneigen wie verarmte Gäste.

Und auf den Stegen aalen sich die Katzen,
die von den grünen Sternen stammen.
Oft sehn die Sterne selbst nach ihren Tieren,
beflaggen die Balkone und zerplatzen.

3
OFT SEHN DIE STERNE MEHR als sie begreifen –
sie haben für die Nähe keinen Sinn –
sie schlagen Funken aus den Blechen, zeichnen Schleifen,
wenn sie die Türme und die flachen Dächer streifen.

Und hier steht eine Taube schon in Flammen.
Ein schwerer Prahm sinkt auf den Grund.
Das Wasser bockt, es rüttelt an den Pfählen,
es bäumt sich auf, es grollt, es summt.
Und das Kristall entsetzt sich in den Sälen.

Dann rollt die Stadt sich ein in Teer und Tran.
Was Welle war, verebbt an morschen Pollern.
Ein Kapuziner hockt auf seinem Kran.
Ein Charon auf dem Kahn lackierter Schreine,
samt seinem Spiegelbild, kappt schon die Leine.

Erich Arendt

Venedig I + II

Der Schönheit Marmorglanz: wie todesbitter
ward er auf allen Wänden am Kanal!
Dem Rost verfallen, hüten Eisengitter
entseelte Fensterblindheit am Portal.

Und eine Gondel treibt am Grab der Sterne
aus kaltem Rauch der Glücksvergangenheit.
Das Duften Rauschen alter Meeresferne
spann Trauer ins Gestein der Dogenzeit.

O Schmelz des Lichts! Du, Tizians Entzücken,
glückschimmernd in den Grund der Augenkerne,
aufs Frauenhaar gelegt, auf seiden Fleisch und Kleid,
ach, du verblichst! Das Cherubschwert der Mosaiken

vom Staube greiser Dämmerungen liegt bedeckt.
Kein Glockenruf den Todesschlaf der Engel weckt.

Nur Adernschwärze der Kanäle winterstarr.
An Pfählen schwanker Gondeln klagende Gehäuse.
Vom Inselrande kehrt heim der Fischer Schar,
beladen mit dem blanken Fang von Netz und Reuse.

Und von Murano kamen abendlich Glasbläser,
die wundersame Träume bliesen, algenzart, aus Glas.
Es goß den dunklen Wein ein Fischer in die Gläser,
mit dem in Freundschaft ich im Abendfenster saß.

Tief drang ein Branden meerhaft brauner Männerstimmen
ins alte Herz der Stadt, durch die ein Atmen ging.
Vom Hafen sang ein Lied der Freude ohne Grenzen,

und Fahnen sahn wir fern wie Purpurwolken schwimmen:
Venedigs marmorstille Schönheit um uns fing
auf Brücken und Kanälen leise an zu glänzen.

Hermann Hesse

Venedig

In mildem Takt ein leiser Tropfenfall,
Ein klirrend schwaches Tönen im Kanal,
Sonst nichts – sonst keiner Gondel rascher Kiel,
Kein Schritt, kein Wort, kein nächtlich Lautenspiel,
Kein Ruf, kein fernster Laut, kein Vogelschrei!
Mir ist in meinem kühlen Bett, ich sei
Fern, märchenfern an einer Insel Strand
Allein und abgetrennt von jedem Land,
Das Menschen trägt und Menschenlaute kennt.
Und Dunkelheit! Nicht Stern, nicht Mondlicht trennt
Der Dächer Umriß in der schwarzen Welt,
Die vor den Fenstern stumme Wache hält.
Wo bin ich doch? Vielleicht in einem Wald,
Wo jedes Blattes Fall im Moos verhallt.
Vielleicht gebannt in einem Märchenschloß,
Wo ehmals Leben, Licht und Jugend sproß
Und nun um Schläger ohne Lust noch Leid
Hinflutet Dunkel – Sage – Ewigkeit.
Vielleicht in eines Grabes engem Schacht,
Umhegt von Einsamkeit – Vergessen – Nacht.
Aus jener Welt, die ich vordem gekannt,
Wie kam ich doch in dieses stumme Land,
Das so geheimnisvoll und nachtbeschwert
Sich dehnt und jedes kleinsten Tons entbehrt?
Ich weiß nichts mehr davon. Allein ich weiß:
Nicht lang, so wird ein schmales Pförtlein gehn
Und eine schöne Frau verschämt und heiß
Im regenschweren Mantel bei mir stehn
Und wird mich küssen ... Mit verschlafenem Ton
Knarrt eine Tür. Prinzessin, kommst du schon?

Mirko Bonné

Elis in Venedig

1913 stehen Elis und ein Lancia
am Meer, Elis im einteiligen Badeanzug,
schwarz, und im Kopf Kokain. Immer ein Bild:
Zwei Rappen schwimmen und ertrinken.
Er starrt eine Zeit abwesend
auf das blausilberne Automobil,
der Lancia umlagert von Buben
in der Sonne der Lidostraße.
Bis Loos-Luzifer ruft: »Chianti!«
und eine Hand Sand wirft.
Lässig geht er mit, sie fahren.
Sein Zimmer starrt von Insekten.
Er rennt sofort wieder hinaus,
durchs Gras über dem Steinstrand,
und rennt zwei Badegäste um
im Glauben, er habe ein Messer.
Im nächsten Augenblick,
eine einzelne weiße Hand
flöge ihm hinterher, die
Steilküste entlang.

Jürgen Theobaldy

Die Erdbeeren von Venedig

Als es den jungen kaum bekannten Romancier
zum ersten Mal nach Venedig verschlagen hatte
folgte er einem dieser italienischen Gassenjungen
in eine dieser feuchten Gassen Venedigs
und ließ sich für 300 Lire unter dem Torbogen
aus der Renaissance einen abkauen

Liebe macht hungrig und der junge Romancier
verschlang noch auf dem Rückweg ins Hotel
die restlichen Erdbeeren die er unterwegs
für seinen Liebhaber gekauft hatte

Unruhig wegen der ungewaschenen Erdbeeren
schob er in seinem Zimmer eine Scheibe
von Gustav Mahler ins Grammophon
und zog sich auf die Ottomane zurück
Das flaue Gefühl in seinem Magen blieb auch
nachdem er drei Fernet Branca gekippt hatte

Also setzte er sich auf und schrieb
anderthalb Seiten finsterer Prosa
deren Radikalität Schmutz und überreizte
Gefühlsspannung binnen kurzem
die Bewunderung vieler erregen sollte

Gino Hahnemann

tod in venedig

der tod in venedig ist ab zwölf jahren freigegeben.
das will was heißen, für ein deutsches gesetz.
das deutsche gesetz nennt sich »freiwillige selbstkontrolle«.
könnte italienisch sein: tun sie nur das,
    was ihnen die »freiwillige selbstkontrolle« empfiehlt! – – –

sechs uhr ist wecken an der stazione ferrovia.
(vergleichsweise nördlichere zeiten: sieben uhr dreißig
    am bahnhof zoo …)
carabinieri stoßen mit den füßen gegen die schlafsäcke auf
    dem bahnhofsvorplatz.
von jetzt an werden wieder platonische tode gestorben.
einzeln oder im kollektiv.
ai caduti per la patria.
oder die ganze welt.
aus der eigenen tasche. oder für sie.
venedig, die kompaktanlage zur feier des lebens als leiche.

Albert Ostermaier

palazzo ducale

barfuss lief sie über die
hochwasserstege die
flügelschuhe in der hand
ihre blauen lippen küssten
die säule sie reckte die arme
zu dem unerreichbaren löwen
der den himmel in schach
hält will er sich wieder
auf die stadt legen mit
seinem atem aus glas
das zersplittert wenn wir
uns berühren *che alle*
donne è lume il corpe
drehte sie sich mit den
worten um den marmor
und war verschwunden
hörst du mich noch der
dogenpalast hauchte sie
ist aus wolken gebaut sie
wollten nicht zurück in
die gewitter jeder stein
schwebt wie ein luftballon
in dem keine luft sondern
sonne ist vielleicht sind
wir ja längst versunken
in den himmel versunken
statt in das meer es fing
zu regnen an sie legt den
kopf in den nacken und
die tropfen gleiten über
das schlüsselbein *hast du*
eine zigarette wir standen

unter den arkaden und *wie*
ein turm fing sie zu singen
an *seh eine uhr ich ragen*
zwei mohren drauf die uns die
stunde schlagen vollkommen
still zum abschied streifte sie
mit ihrer glut die meine und
sprang wie ein mädchen
über die stege fort

Albert Ostermaier

biennale d'arte modena

du musst venedig im winter
sehen er hatte nur schnee
photographiert weichen
harten schmutzigen reinen
schnee pulverschnee nassen
schnee flocken kristalle
es war kein mensch
zu finden kein palazzo
keine kirche kein flügel
kein löwe nicht die tauben
nur schnee weisse flächen
so gross wie die blätter
auf denen er ihr schrieb
seine schrift erinnerte sie
an seine hände die nervösen
skizzen auf ihrer haut *kein*
pinsel und kein meissel gibt
der seele ruhe nur in dem
winkel deines mundes ist
ruhe in deinem schlüsselbein
in deinem nabel wenn ich
in ihn falle wie ein kiesel
ins wasser das vollendete
kreise zieht *l'affetüosa*
fantasia es war sommer
sie hatte nicht schlafen
können die sehnsucht
schwamm in ihr immer
weiter hinaus bis sie
aufstand sie konnte kaum
die hand vor augen sehen als
sie die grossen buchstaben
biennale entzifferte holte
sie seine bilder aus der

tasche liess den schnee
fallen es schneite der boden
bedeckte sich die kälte
schoss in ihre nackten knöchel
sie zog sich aus wie lange
können wir uns im schnee
lieben ohne zu erfrieren
wollte sie ihn fragen

Albert Ostermaier

canale di san marco

werde ich je die giudecca
wiedersehen die fernen
lichter ihren lidaufschlag
und davor die unbegreifbaren
schiffe aus papier gefaltet
von riesenhänden wie in dir
verlor ich mich in der stadt
und bin doch mit dir vertäut
wie ihr name mit musik du
bist der refrain in meinen
suchenden schritten der tiefe
seufzer wenn er unsere ufer
überbrückt die atemlose stille
zwischen zwei häusern ihren
gegenüberliegenden fenstern
spür nur küss mich jetzt der
wind bläst wirft die stühle um
das unverrückbare ich
träume von einem dichten
nebel in dem wir uns lieben
in den nebel gleitende gondeln
träume dass wir uns in
luft auflösen ohne einander
ersticken wir schriebst du
wie lange werde ich den atem
anhalten können unter
wasser und aufhören nach
deinen tränen zu tauchen

Nora Gomringer

Markusplatz
Märztag

Jedem Fenster
Sind zwei Lichter
Zur Seite gestellt
Nachdem die Sonne
Hinter Mestre
Verschluckt worden ist

Zwei Carabinieri
Durchqueren den Platz
Der Ballsaal Napoleons
Hält Musik und Licht
Verschlossen
Überhaupt ist es ein Tanz
Um Bilder

Das Venedig meiner Mutter
Gibt es noch immer
Ezra Pound und Strawinski
Sagen sich auf San Michele
Kein Sterbenswort mehr

In der Stadt des Wassers
Besitze ich kein Boot
Hinter jeder Biegung
Verliere ich mich
Und dich
Wäscht der Regen
In den Kanal

Rainer Maria Rilke

Venezianischer Morgen

Richard Beer-Hofmann zugeeignet

Fürstlich verwöhnte Fenster sehen immer,
was manchesmal uns zu bemühn geruht:
die Stadt, die immer wieder, wo ein Schimmer
von Himmel trifft auf ein Gefühl von Flut,

sich bildet ohne irgendwann zu sein.
Ein jeder Morgen muß ihr die Opale
erst zeigen, die sie gestern trug, und Reihn
von Spiegelbildern ziehn aus dem Kanale
und sie erinnern an die andern Male:
dann giebt sie sich erst zu und fällt sich ein

wie eine Nymphe, die den Zeus empfing.
Das Ohrgehäng erklingt an ihrem Ohre;
sie aber hebt San Giorgio Maggiore
und lächelt lässig in das schöne Ding.

Rainer Maria Rilke

San Marco

In diesem Innern, das wie ausgehöhlt
sich wölbt und wendet in den goldnen Smalten,
rundkantig, glatt, mit Köstlichkeit geölt,
ward dieses Staates Dunkelheit gehalten

und heimlich aufgehäuft, als Gleichgewicht
des Lichtes, das in allen seinen Dingen
sich so vermehrte, daß sie fast vergingen – .
Und plötzlich zweifelst du: vergehn sie nicht?

und drängst zurück die harte Galerie,
die, wie ein Gang im Bergwerk, nah am Glanz
der Wölbung hängt; und du erkennst die heile

Helle des Ausblicks: aber irgendwie
wehmütig messend ihre müde Weile
am nahen Überstehn des Viergespanns.

Theodor Fontane

Der Markus-Löwe

Venedig schläft; doch schlummerscheu
Wacht der geflügelte Markus-Leu,
Er wacht und von der Lagune zum Meer
Wandert sein Auge hin und her.

Und wie er starr in die Ferne schaut,
Da wird's in der Piazetta laut;
Das Wasser steigt, und Well auf Well
Umplätschert des Löwen Fußgestell.

Der Wogen eine züngelt empor
Und raunt dem ehernen Wächter ins Ohr:
»Was blickst du starr in die See hinaus,
Dieweil Verderben im eigenen Haus?

Als ich am Palaste vorübergerauscht,
Hab ich den grauen Falieri belauscht;
Bedroht ist die Freiheit, bedroht ist der Staat,
Im Herzen des Dogen brütet Verrat.

Was suchst du den Feind auf der Adria?
Falieri heißt er, nicht Doria;
Nach Kron und Szepter trachtet sein Sinn
Leu, rette die Meereskönigin!«

Da springt mit einem gewaltigen Satz
Der Löwe hinab auf den Markusplatz; –
Schon huscht der Verrat durch die Straßen, scheu,
Da hält am Markusturme – der Leu.

Mit seiner Tatze zerschlägt er das Tor,
Er fliegt die steinernen Treppen empor,
Umklammert die Glocke hoch oben im Turm,
Und der Markus-Löwe läutet Sturm.

Wie wenn er die Toten wecken will,
Mischt er dem Donner sein eigen Gebrüll; –
Venedig ist wach, entdeckt der Verrat,
Gefangen Falieri, gerettet der Staat.

Auf seine Säule rastet aufs neu
Venedigs Wächter – der Markus-Leu;
Den Dogen findet das Morgenrot
Auf dem Schafotte blutig und tot.

Robert Hamerling

San Marco

Heil'ger Markus, segne gnädig
  Diesen Schwarm von Tagedieben,
Arm und reich, beweibt und ledig,
  Häßlich, schön, dumm, durchgetrieben:
Alle, wie sie sich, dem Strome
  Folgend, aus entfernten Ländern
Herbemüht, vor deinem Dome
  Fleißig auf und ab zu schlendern.

Nachts auch wimmeln noch von Betern,
  Welche deiner Ehre huld'gen,
Und von frommen Pflastertretern
  Deine Steine, die geduld'gen.
Einsam andre Heil'ge harren,
  Doch dir strömen zu die Wandrer:
Soviel Weise, soviel Narren
  Sieht, wie du, bei sich kein andrer.

Friedrich Nietzsche

»Mein Glück!«

Die Tauben von San Marco seh ich wieder:
Still ist der Platz, Vormittag ruht darauf.
In sanfter Kühle schick ich müßig Lieder
Gleich Taubenschwärmen in das Blau hinauf –
   Und locke sie zurück,
Noch einen Reim zu hängen ins Gefieder
– mein Glück! Mein Glück!

Du stilles Himmels-Dach, blau-licht, von Seide,
Wie schwebst du schirmend ob des bunten Baus,
Den ich – was sag ich? – liebe, fürchte, *neide* …
Die Seele wahrlich tränk ich gern ihm aus!
   Gäb ich sie je zurück? –
Nein, still davon, du Augen-Wunderweide!
– mein Glück! Mein Glück!

Du strenger Turm, mit welchem Löwendrange
Stiegst du empor hier, siegreich, sonder Müh!
Du überklingst den Platz mit tiefem Klange –:
Französisch, wärst du sein *accent aigu*?
   Blieb ich gleich dir zurück,
ich wüsste, aus welch seidenweichem Zwange …
– mein Glück! Mein Glück!

Fort, fort, Musik! Lass erst die Schatten dunkeln
Und wachsen bis zur braunen lauen Nacht!
Zum Tone ist's zu früh am Tag, noch funkeln
Die Gold-Zieraten nicht in Rosen-Pracht,
   Noch blieb viel Tag zurück,
Viel Tag für Dichten, Schleichen, Einsam-Munkeln
– mein Glück! Mein Glück!

Tobias Roth

Ein Gleiches

Wir saßen auf dem Brunnen
Zwischen den zwei Platanen
Auf dem Campo Santa Margherita,
Und wussten, das sind die edelsten Bäume.
Wir redeten über die Liebe ohne Aufregung.
Dämmerung tropfte durch das Laub
Und der Schatten war auch im Abend kostbar.
Wir spielten um den Nenner,
Von dem wir wussten,
Dass es ihn nicht gibt,
Und die Abendsterne schwankten
Auf dem Pflaster in zu kurzen Röcken.
Wir kamen von Asolo und wussten nicht,
Ob wir dorthin zurückkehren sollten.
Das Leben auf den Plätzen,
Geräusche, aber kein Lärm.

Wir banden goldene Ketten
Um die Stämme der Platanen,
Licht wie ein gemaltes Mosaik,
Und alle, die wir sahen,
Gingen als getarnte Großkönige.
Dass der Platz auf dem Wasser steht,
Ließ sich nicht fühlen.

Quam vellem, ut cum earum duabus possem ego vel tribus arboribus etiam omnes illas fructiferas arbores quas in quinquuncem dispositas habemus, commutare.

Pietro Bembo, *De Aetna liber*, 14

für Florian Haider

Christian Wagner

Venedig

Venezia! In deiner Wogen Glanz,
Trotz deiner Gassen Marmorcolonnaden
Vom Vorhalt des zu Massigen entladen,
Jeglicher Schwere so entlastet ganz!

Venezia, du jüngeres Byzanz!
Leicht dehnst du dich in zierlichen Fassaden
An der Lagune wonnigen Gestaden
Und deiner Inseln weitgespanntem Kranz! –

Am Arsenal des Molo schwere Krähne,
Rialto, Lido ladet dich zu Gast;
Was sie nur wollen, all die schwarzen Schwäne!

An zu des Dogen marmornem Palast
Am Markusplatze legen bei die Kähne,
Venedigs Löwe grüßt sie trotzig fast. –

Robert Hamerling

Norditalienische Reisesonette

I.
Venezia

Auftauchen sie, die meerumrauschten Zinnen,
Zahllos wie Zacken eines Riesenspeeres;
Die goldne Zauberstadt im Schoß des Meeres,
Sie muß das sprödeste Gemüt gewinnen!

San Marco hält das süßberauschte Sinnen
Des Nachts im Banne s e i n e s Flammenheeres;
Leicht wird ein schweres Herz und voll ein leeres,
Und jeden überkommt ein selig Minnen.

Hier baun mit Recht sich, froh des goldnen Traumes,
Poet'sche Wandervögel ihre Nester,
Gleich wie im Schatten eines Wunderbaumes.

Bist nicht umsonst der Aphrodite Schwester,
Venezia, gleich ihr ein Kind des Schaumes:
Denn wer dir naht, den hältst du täglich fester!

II.
Die Lagunenbrücke

O Wunderbrücke, die in Meeresmitte
Des Dampfes Rosse donnernd überfliegen,
Bist du, gefügt von Götterhand, entstiegen
Dem Zauberreich der blauen Amphitrite?

Die Woge seufzt, als ob ungern sie litte,
   Daß sich auf ihr die schweren Joche wiegen:
   Ha, Stolze, mußtest du dich endlich schmiegen,
Und setzt ein Sieger dir aufs Haupt die Tritte?

Nicht die bezwangen dich, die dich erwählten
   Zum Wohnsitz, trauend dir und ihrem Glücke,
Nicht jene Dogen, die sich dir vermählten,

Noch der den Marcuslöwen hieb in Stücke:
   Die Hände taten's erst, die ungezählten,
Die auf dich legten diese Riesenbrücke!

III.
Torcello

Du bist das liebste mir der Meereilande,
   Die in Venedigs Golf ihr Haupt erheben,
   Soviel der Woge mutterzärtlich Leben
Umheget mit saphirnem Liebesbande.

Trägt mich entlang an deinem Blütenstrande
   Die Gondel, wo Granaten blühn und Reben,
   Da dünk' ich als ein Falter mir zu schweben
Auf einer Zauberblume goldnem Rande.

Du träumst so süß in blauer Wellenwiege,
   Und ich in d i r, wenn traulich, schmerzenthoben,
Mein Haupt ich unter deine Blumen schmiege.

Dein Blütentraum ist's, dessen sel'ges Toben,
   Indes im hohen Gras ich sinnend liege,
Durch's Herz mir weht, und klingend jauchzt nach oben.

Heinrich Wilhelm Vierordt

Die Cikaden

In der Gondel, steuernd nach Torcello,
Hatt' ich noch zwei kleine Passagiere
Zu der Morgenseefahrt eingeladen,
Dürre, braune, winz'ge Passagiere:
Silberstimmig zirpende Cikaden
In dem messingdrahtgeflocht'nen Käfig!
Zu den vielen angebor'nen Grillen
Hab' ich diese käuflich noch erstanden
Auf dem Grillenmarkt an dem Rialto.

Nun, so singt doch, luft'ge Kornfeldwesen,
Zirperinnen, Wiesennachtigallen,
Wohnend sonst auf blüh'nden Apfelbäumen
Götterlieblinge von alters her schon!
Hoffe doch, ihr werdet mir nicht seekrank!
Oder liebt ihr stillere Vergnügung,
Grüne Blätter duftenden Salates
Mit großmäuligem Behagen schlingend?

Horch, sie singen, und ich lehne lässig
In den Lederkissen meines Bootes;
Unter mir das träumerische Plätschern
Der Lagune, meine ich: zu liegen
Tief in Gras und flüsterndem Getreide.
Vor der schläfrig halbgeschloss'nen Wimper
Gaukeln Pfauenaugen und es tönen
Sommersonnige Cikadensänge.

Walter Helmut Fritz

Torcello

Der Tag trägt ein Gewand
von roten Zinnien.
Die Stadt erscheint in der Lagune
um die Mittagszeit.

Santa Maria Assunta, Arche Noah
in dem Glanz,
der unaufhörlich hämmert, hörst du,
läutet –

Tom Schulz

San Michele

ich wusch einen Stein
ein Hemd in der Sonne
vor Helle vor Totenstarre

das Wasser rief zu sich
die Zeit, geschieden
an beiden Enden

zu schnell hob das Meer
den Grund
auf die Insel

ich wusch einen Baum
ich wusch eine Blume
aus dem Stein

der Mädchenhaarbaum flimmerte

zwei Ufer; Lichtbäche
flossen am Horizont
rief Wasser & folgte

Peter Huchel

San Michele

Im Mauerwinkel
Ein schwarzes Feuer,
Den Heimweg der Toten wärmend.
Während der Schatten ihrer Gebete
Über schlafende Wasser weht,
Schwingt eine Glocke,
Die du nicht hörst.
Jede Stunde geht durch dein Herz
Und die letzte tötet.

Gestern,
Unter den Mandelbäumen,
Legten sie Feuer
Ans dürre Gras.
Kaufe dich los
Im Anblick der Grube.

Die Nacht,
Der dunkle Aderlaß,
Verströmt ins Blei der Dächer.
Das ferne Venedig
Ist keinen Fischfang wert.

Helmut Krausser

San Michele, Venezia

Ein schwarzer Friedhofskater, der
uns ansah, lange, seinen Nacken
sträubte, denkbar kurz zum Kacken
innehielt, alsdann leger,

graziös, auf eine Mauer sprang,
von der aus er den Wellengang
betrachtet hat, wir fanden das
beeindruckend – es hatte was.

Zugleich zu leicht, zu viel, zu schwer.
Da das Tier und dort das Meer.
Die Toteninsel – und wir zwei.

Als hätte nichts mit nichts zu tun,
als wäre alles schon vorbei –
und würde heimlich in sich ruhn.

H. C. Artmann

ve. arsenale:

nach dem möwenruf:
wo ist der hausrat
der werkzeugkasten
die große musicale
das kleine radione
der mittlere clown
die streusandbiene
das briefgeheimnis
der strandskandal?
ziel geht vor zahl
vor meersalz sirup
tief tiefe taucher
enttaumeln veniexa
der glashausherrin
die löwen so atmen
bereits am ersten!

Norbert C. Kaser

an venedig

venedig Du stadt porto maghera
Du land aus schloten mestre auch du?
der hafen venedigs liegt
herzhaft in europa
venedig Du stadt
wo man dich immer geradeaus weist

Du bist ein greuel wenns regnet
und weil du ein greuel bist mein greuel
der
regen im calle im kino
                regen
        calle del volto
Du meine stadt seltene
ueber die bruecken zu safir
zu s.polo ruga vecchia
                johanna du?
du auf dem campo s.maria mater
domini   2267
ueber die bruecken

sinkende stadt
mit hinterland
die aus dem padovanischen fahren
hin und her mit dem zug von12uhrsechs
und sie verlassen das wasser
ich war betrunken
griff
nach dem portal – sie schrie
du ersaeufst
ich ⟶ zurueck
geh ueber bruecken

Andrea Scholl

To Venice I

einsame Nacht, verlorener Tag

Rialto – Megaeren vernachten's
so nett? Vergehen irr am *Canale*
Nachtteer. Larven, einsamer – go
it's over, ach Traenenmeer, lang –
Samtgaleeren, Virennacht, O er
mein Tartaros, ach Engel – never
again: Nachtmeer. Lover. Sterne
Rialto – Megaeren vernachten's
gemein: Tartaroslachen, – never
Samtgaleeren, Virennacht, O er
is gone – ach Larven, Ratten, Meer

Gaerten, Malvenornat – reiches
Vergehn, Rosen – Ratte im *Canale*

Vinetanacht, Galeeren, er: mors
certa, Rostengel, heaven – marin

verloren. Nacht geraet einsam
Larventraenen, meersacht – I go

Er in Gaerten, Rose, Malve – Nacht
verlor Macht. Sage nie *Traenen*

Nachtgarten, Rosenreim – leave
me, O Vers – *Canale,* Rattengehirn

erotisch? Larventraenen – game
over – Schattengaleeren. Marin

Canale, Vergehn – Meerort. Satin
in Gaerten Malve, Nachtrose – er

sah Venice – Leer ragt Ornament
la mort, ach Vers – Traenengenie

Gaerten. Lichtrosa. Name: Never
Arachne, net-verloren – sag *time*

time goes – rann leer, ach, vertan
verloren – Amnesie. Tag, Nacht, er

la mort – nah, es ertragen, Venice
Gaerten. Lichtrosa. Name: Never

San Michele, Traenenort – grave
angel – on verra. Nacht eist Meer

Riva Lethe – Meerton sang, *Carne-
vale* – er! Er im Orangenschatten,

Rosen, Vergehn – Ratte im *Canale*
Sag *nevermore* nie – Nachttal, er

verloren. Nacht geraet einsam
in tartaro Verse machen, Engel!

La vie en – Rosenmacht. Garten. Er
mein Tartaros, ach, Engel – never

again Nachtmeer, Lover, Sterne
Rattenheer – nice! O Malvensarg

vereinsame, Garten, Charon, let
me go – *Canale*, Rattenhirn, Verse

verloren sage, nicht *aeternam*
einsamer Nacht ertragen – love

ach Rinnen, Leere, matt sag *over*
Venice sehen – Amor? Rattengral

Garten, vereinsame, Charon, let
me go – *Canale*, Rattenhirn, Verse

aeternam sage, nicht *verloren?*
La vie en – Rosenmacht. Garten. Er

Friederike Mayröcker

an einem throbbenden Februartag, für Ernst Jandl

nun ja, schäume : schüttere : mumifiziere in den mein
Herz ergreifenden PAGEN (= pages) der »noctes« des
Georg Christoph Lichtenberg / tatsächlich lichterloh.
Fleddern und fliedern der ins Hinterfleisch gestochenen
Pyjama Bagatellen : der linke Schenkel bekritzelt
mit immensen Immortellen Intarsien : Stiften in Kürzelschrift
auch stinkend und WASCHBEGEHREN – *Hirschblut und -wald*
oder möchte überhaupt meine Wäsche : Wäsche Kleider diese
und jene Terzinen : UNTERZIEH HUT oder Blut, ich meine
moon boots Indianerkämmchen Garderobe Rasur, tragen
bis sie mir
vom Leib fallen als Hadern –   tragen anziehen jeden
Tag jeglichen Tag, nicht schauen rumsuchen, nur so, über
den Kopf vertrautes Zeug dann bin ich doch GANZ :
ganz und gar in meinem Körper : mein verkörpertes
um-die-Ecke-biegen (der Seele). Nein ich bin nicht
verrückt aber der Anblick der Birnen / Trauben (»die
dargebotene Hand«) ich meine die Birnen die Trauben in den
Marktkörben Holzkistchen von zartestem (zum Knacken
mit den Fingern einer Hand) : zartestem Holz : wo sie
in ihren Körben liegen einzeln gewickelt in bunt
bedruckten seidigen Hüllen also dargeboten im Waldforest
FROST (»Naschmarkt!«) : gleich neben den öffentlichen
Aborten usw. Dieser ganze Leder Sturm Tag, dieser
lederne Morgen wunderbar verdüstert verschleiert wie
verschossene Leinwand Maltuch und Linnen –   wünsche mir
solle alles so bleiben OBERTUCH BETRÜBNIS, Trübnis
des Herzens, des Himmels des Leibes Lappen und Fetzen
: des Leibs Martyrien nämlich MYSTERIEN bis sie nur noch
aufjaulen wie die im venezianischen Wasser ertrunkenen :
trunken gewordenen Palastruinen : 1 wenig riechend innen
aber voll Samt und Damast und venezianischen silbernen
Spiegeln und Kronleuchtern und Gemälden . .
laszt mich nur alle in meinem *fabelhaften* Gejammer, in

meiner monströsen wilden Kenntnis, in meiner
Tränenflut –   wehe den Worten die euch trosthaft
entweichen : zum Ausspeien mir, zum Torkeln. Mein
Hirn torkelt wie der tobende Sturm outside – ich
schneide mich scheide mich schirme mich ab, will
TORNADO GELÄCHTER hören wenn ich *hinausbleiche* in jenen
PANTHER HADES

(und rücken wie Seehund zusammen du und ich, in unseren
LAND SCHLAFUNGEN während wir pausenlos aufsagen
(huschenden
Fuszes) unsere enormen Strophen wüstester Jeremiaden)

Jan Skudlarek

kölsch wasser / marsch

venezianisches schmunzeln am bus
          bahnhof die liebesverse
in der manteltasche
          zerknüllter müll –
                              nach flüchtiger betrachtung sein
                    herz: ikarusflügel, sedimentgestein
                                        das märznächte birgt;
blinzelnde gondelwracks, sie
          pflügen den frühlingshimmel
                    & verschwinden durchs ozonloch, fenster
platzregen trommelt gegen bullaugen
          & ein landstreicher kommt in sehnot, droht
                    zu ertränken (sich
                                        & die pärchen im bus)

Paul Heyse

Venedig

Nun ist entthront die stolze Wellenbraut,
Die einst den trotz'gen Nacken bog dem Meere.
Nicht wird sie mehr auf goldner Prachtgaleere
Dem ungestümen Freier angetraut.

Doch in der Lenznacht, wenn mit Donnerlaut
Die Springflut steigt, dann ist's, als ob die Hehre
Wehrlos dem Element zu eigen wäre,
Auf das sie tags so kühl herniederschaut.

Hoch über die Piazzetta schwillt die Flut
Und braust herein, ersäufend alle Gassen,
Und um San Marco plätschert Ruderschlag.

Das Meer umwirbt die Braut mit Liebeswut,
Doch nur die Füße darf es ihr umfassen
Und schleicht beschämt von dannen lang vor Tag.

Tom Schulz

BILD, SPRACHE, MUSIK

Als ich bei hohem Sonnenschein durch die Lagune fuhr und auf den Gondelrändern die Gondoliere, leicht schwebend, buntbekleidet, rudernd, betrachtete, wie sie auf der hellgrünen Fläche sich in der blauen Luft zeichneten, so sah ich das beste, frischeste Bild der venezianischen Schule. Der Sonnenschein hob die Lokalfarben blendend hervor, und die Schattenseiten waren so licht, daß sie verhältnismäßig wieder zu Lichtern hätten dienen können. Ein Gleiches galt von den Widerscheinen des meergrünen Wassers. Alles war hell in hell gemalt, so daß die schäumende Welle und die Blitzlichter darauf nötig waren, um die Tüpfelchen aufs i zu setzen.

Johann Wolfgang Goethe: Italienische Reise, Erster Teil (1786)

Nur wem es gegeben ist, sich von Dingen und Orten im steten Wechsel lösen zu können und mit dem Gewohnten zu brechen, vermag vielleicht in diese Stadt einzudringen. Vielleicht muss man, um sie richtig zu erfassen, in die Vergangenheit zurückkehren und wie in alten Zeiten mit dem leise dahingleitenden Boot durch Kanäle und Sümpfe und Schilf heranrudern, eine Weite entdecken, die keine Grenzen kennt, verschwimmende Konturen wahrnehmen, die sich auf der Wasserfläche spiegeln, zittern und in einem wunderbaren Chaos vergehen, um dann wieder Form anzunehmen.

Andrea Zanzotto: venedig – eine möglichkeit (1978)

Die Jahrhunderte der Dichtung sind lang und kurz wie ein Tag. Ein Tag zum Staunen und vielleicht zum Verlieben, der einen verzaubert, beglückt und in etwas Rauschartiges zu versetzen mag.

So wie Venedig allezeit die Dichter in seinen Bann gezogen hat, sie hat teilhaben lassen am Faszinosum dieses »irdischen

Atlantis über dem Meer«, am Steigen und Sinken des Wassers und der Illusion, auf beständigem Grund zu leben.

Tatsächlich kann man sich die Lagunenstadt als poetisches Gebilde vorstellen: Die Häuser und Paläste Verse, dazu der mehr oder weniger bindende Reim der Planken und Pfähle im Rhythmus des Wassers, darin die Boote wie Ausrufezeichen, Kommas oder Doppelpunkte, und die Inseln als solches, eine Ansammlung von Strophen, verbunden mit dem Meer. Einem Meer aus Musik. Und wie die Dichter Venedig besungen haben: ein hohes Lied und ein Abgesang gleichermaßen!

Beispiele hierfür bietet die vorliegende Sammlung in großer Zahl. Vom Verfasser der »Venezianischen Epigramme«, Johann Wolfgang Goethe, der im Frühjahr 1790 voller Überdruss durch die Gassen streifte, über den Salondichter Rainer Maria Rilke bis zum frühvollendeten Expressionisten Georg Trakl, der 1913 in einem langen schwarzen Badeanzug am Lido stand und unsicher aufs Meer blickte.

Dabei war es eine halbe Ewigkeit fast ausschließlich Männern vorbehalten, hier Kunst in die Welt zu setzen, von Canaletto bis Tizian, von Turner bis Monet, Strawinsky und Ezra Pound. Dies hat sich zum Glück verändert und so umfasst diese Sammlung auch eine stattliche Anzahl von Poesien deutschsprachiger Dichterinnen, die bis in die Gegenwart reichen.

Worin besteht das Besondere der Venedig-Gedichte?
Gewiss hat es mit dem Gebunden-Sein zu tun, mit etwas Mikroskopischem.

Und doch ist es, das Gedicht, nicht zeitlich fixiert, wie alle Kunst versucht es, den Augenblick festzuhalten, ihn zu dehnen. Die Augenblicke mögen verweilen und erstrahlen, auch auf die Gefahr hin, dass zerstörerische Kräfte am Werk sind. Kunst und Leben, auch hier das Unvereinbare: der leuchtende Horizont und ein klaffender Abgrund. Wo könnte man es besser erkennen als an diesem Ort?
Und das Gedicht, als Sprachfluss des Einzelnen an die Welt, was weiß es zu sagen?

Das Venedig-Gedicht spricht zu uns: von den Anfängen, den Gründen, von Wasser und Licht, von Farben und Gerüchen; es speichert Zeit und Erinnern. Es streift die Plätze, die jeder kennt, und dringt vor auf die andere Seite des Mondes. Es spricht von den Trauerbarken, den Tauben und Gondolieri, der kleinen Bar an der Ecke, vom »Schatten Wein«; es spricht von den traumhaften Palazzi, vom Uringestank der Gassen. Das Gedicht spricht, infiziert von Schönheit und zuweilen von einer Todessehnsucht, von Verlangen und Erfüllen, von Versiegen und Versagen. Denn im Augenblick des Erkennens erscheint uns Venedig einzigartig. Liegt darin nicht auch die Spur einer Täuschung?

So erinnern wir uns oder imaginieren und denken gewiss an einen realen Ort, den wir besucht haben, doch eigentlich meinen wir ein Refugium: etwas nicht ganz von dieser Welt. Etwas gleichermaßen Schwebendes und Losgelöstes, etwas Beharrendes und sich Verweigerndes.

Der französische Symbolist Odilon Redon schrieb 1903:

»Da sich jetzt meine Empfindungen zusammenfassen lassen, würde ich Venedig als einen antiquierten Fetzen darstellen, als einen alten Orientteppich, der sich in grünen Gewässern spiegelt. Aber der Geist, den man dort einatmet, ist von ferner Süße! Alles, was man sieht, ist schön. Ein Pflasterschein, ein Schornstein, sie sind schön und mit der Patina einer ganz besonderen Atmosphäre überzogen. Hier, und nur an diesem Ort, werden bestimmte Zustände unseres eigenen Lebens heraufbeschworen …«

Und die Bilder, die haltbar sind und geräumig – liegt nicht in ihnen ein Gedächtnis, das der Vergesslichkeit und Vergänglichkeit widersteht?

Dass die Zeit nicht existiert, wissen wir seit Kant, dass sie nur eine Form unserer Anschauung ist.

Bild, Sprache, Musik. Fließen und Erstarren, Transzendenz und Meditation.

Ein Gedicht spricht zu sich und zu einem anderen – mag sein, es verändert die Sprache um eine Nuance, es verdichtet den Augenblick. Changiert aufs Neue, fußt oder ufert aus. Dazwischen verläuft die Zeit, manchmal sind es Jahrhunderte oder gerade einmal ein Augenaufschlag.

Nachweise

Erich Arendt, Venedig I + II, aus: Kritische Werkausgabe, hrsg. von Manfred Schlösser. Bd. I: Gedichte 1925–1959, S. 47 © Agora 2003

H.C. Artmann, gedichte von der wollust des dichtens in worte gefaßt © 1989 Residenz Verlag im Niederösterreichischen Pressehaus Druck- u. Verlagsgesellschaft mbH, St. Pölten – Salzburg – Wien

Cyrus Atabay, Venedigs braune Nacht steht hinter deiner Maske ..., aus: Prosperos Tagebuch © Eremiten-Presse, Düsseldorf 1985

Rose Ausländer, Mein Venedig. Aus: dies., Wieder ein Tag aus Glut und Wind. Gedichte 1980–1982. © S. Fischer Verlag GmbH, Frankfurt am Main 1986

Rose Ausländer, Tauben im Battery Park. Aus: dies., Die Sichel mäht die Zeit zu Heu. Gedichte 1957–1965. © S. Fischer Verlag GmbH, Frankfurt am Main 1985

Ingeborg Bachmann, Schwarzer Walzer, aus: Anrufung des Großen Bären, Gedichte © Piper, München 1956

»Venedig«, aus: Thomas Bernhard, Gesammelte Gedichte. Herausgegeben von Volker Bohn. © Suhrkamp Verlag Frankfurt am Main 1991. Alle Rechte bei und vorbehalten durch Suhrkamp Verlag Berlin.

Thomas Böhme, November Venedig, aus: Alle Spur wird Fell: Geschichten, Prosagedichte, Verse © Galrev Druck- und Verlagsgesellschaft, Berlin 1998

Mirko Bonné, Elis in Venedig, aus: Hibiskus Code © DuMont Buchverlag, Köln 2003

Mirko Bonné, Taube in Venedig, aus: Traklpark, Gedichte © Schöffling & Co. Verlagsbuchhandlung GmbH, Frankfurt am Main 2012

Rolf Bossert, Post nach București, Romania, aus: Ich steh auf den Treppen des Winds. Gesammelte Gedichte © Schöffling & Co. Verlagsbuchhandlung GmbH, Frankfurt am Main 2006

Alfred Brendel, Venedig
Aus: Alfred Brendel, Spiegelbild und schwarzer Spuk
© Carl Hanser Verlag München 2003

Georg Britting, Venedig, aus: Sämtliche Werke in 23 Bänden. Band 6 © Verlag Georg-Britting-Stiftung

Jacob Burckhardt, »Aus Venedig«, aus: Gedichte. Nach den Handschriften des Jacob-Burckhardt-Archivs in Basel, Verlagsbuchhandlung Benno Schwabe & Co. 1926

»Begegnung in Venedig«, aus: Christine Busta, Die Scheune der Vögel © Otto Müller Verlag, Salzburg 1995

Hanns Cibulka, Brief aus Venedig, aus: Arioso. Gedichte. Erschienen im Mitteldeutschen Verlag, Halle und Leipzig 1967 © Christa Cibulka

Theodor Däubler, »Venedig, dankbar bringen dir die Götter Gaben«, »Venedig, deine Marmorsäulenwälder«, »Oh Farbenstadt Venedig«, aus: Kritische Ausgabe, Band 6.1: Das Nordlicht, Thelem 2004

Richard Dehmel, Venedig: Punta della Salute, aus: Weib und Welt. Ein Buch der Gedichte. S. Fischer, Berlin 1919

Michael Donhauser, Ein Sagen war es als ein Singen ..., aus: Venedig : Oktober. Halbe Sonette © Michael Donhauser

Michael Donhauser, Und Venedig, das war, war der Name ..., aus: Venedig : Oktober. Halbe Sonette © Michael Donhauser

Michael Donhauser, Welch ein Reichtum war da an Schönheit ..., aus: Venedig : Oktober. Halbe Sonette © Michael Donhauser

Kurt Drawert, Venedig, aus: Wo es war, Suhrkamp Verlag, Frankfurt am Main 1996 © Kurt Drawert

Albert Ehrenstein: Venetianischer Traum, aus: Albert Ehrenstein: Werke in 5 Bänden (Hg. und mit einem Vorwort versehen von Hanni Mittelmann). Klaus Boer Verlag, München 1997. © Wallstein Verlag, Göttingen.

»Nördlicher Seufzer«, aus: Günter Eich, Gesammelte Werke in vier Bänden. Band I: Die Gedichte. Die Maulwürfe © Suhrkamp Verlag Frankfurt am Main 1991. Alle Rechte bei und vorbehalten durch Suhrkamp Verlag Berlin.

Carl-Christian Elze, venezianisch venerisch, aus: stadt/ land/ stopp: gedichte © mdv Mitteldeutscher Verlag GmbH, Halle 2006

»Bildungsreise«, aus: Hans Magnus Enzensberger, Verteidigung der Wölfe. Gedichte. © Suhrkamp Verlag Frankfurt am Main 1957. Alle Rechte bei und vorbehalten durch Suhrkamp Verlag Berlin.

Robert Faesi, Venedig, aus: Das Antlitz der Erde, Insel Verlag, Leipzig 1936 © Erbengemeinschaft Faesi/Fueter.

Theodor Fontane, Der Markus-Löwe, aus: Gedichte II, Aufbau Verlag, Berlin und Weimar 1989

Walter Helmut Fritz, TORCELLO, aus: ders., GESAMMELTE GEDICHTE © 1979 by Hoffmann und Campe Verlag, Hamburg

Peter Gan, Venezia, aus: Gesammelte Werke, Bd. 2, hrsg. von Friedhelm Kemp © Christian J. Isenberg

Sylvia Geist, Kleine Barena
Aus: Sylvia Geist, Gordisches Paradies
© Hanser Berlin im Carl Hanser Verlag München 2014

Stefan George, »Gesichte I«, »Gesichte II«, aus: Pilgerfahrten, 1891, Privatdruck

Johann Wolfgang von Goethe, Epigramme. Venedig 1790, Gedichte 1756–1799, Deutscher Klassiker Verlag 1987 [Quelle: Musen-Almanach für das Jahr 1796]

Nora Gomringer, Markusplatz Märztag, aus: Klimaforschung © Verlag Voland & Quist, Dresden 2008

© Dieter M. Gräf: Buch Vier. Gedichte. Frankfurter Verlagsanstalt GmbH, Frankfurt am Main 2008.

Joseph Gregor, Giorgione, aus: Gedichte, Teil 1, Verlag Edition Strache, Wien 1921 © Marianna Öhlberger

Anastasius Grün, Gondelfahrt, aus: Gedichte, Reclam 1907

»Venezianische Sarkasmen 2«, »Venezianische Sarkasmen 3«, »Venezianische Sarkasmen 4«, »Venezianische Sarkasmen 9«, aus: Durs Grünbein, Strophen für übermorgen. Gedichte. © Suhrkamp Verlag Frankfurt am Main 2007. Alle Rechte bei und vorbehalten durch Suhrkamp Verlag Berlin.

Alexander Gumz, nicht in venedig, aus: ausrücken mit modellen. Gedichte © kookbooks, Berlin 2011

Eberhard Häfner, Die ultimative Lagune © Eberhard Häfner

»Die Mörsinger Pappel. Gedichte« von Peter Härtling © 1987 by Verlag Kiepenheuer & Witsch GmbH & Co. KG, Köln.

Rudolf Hagelstange, Weit in die Runde schwingts wie Taubenflug, aus: Venezianisches Credo © Erbengemeinschaft Hagelstange

Gino Hahnemann, tod in venedig, aus: Allegorie gegen die vorschnelle Mehrheit: © Druckhaus Galrev, Berlin 1994

Robert Hamerling, »Venedig 1856«, »Gondoliera«, »San Marco«, Norditalienische Reisesonette«, aus: Sinnen und Minnen, Ein Liederbuch, Kober Verlag, Prag 1859

Friedrich Hebbel, Venedig, aus: Sämtliche Werke, HKA, 6. Band, B. Behr's Verlag 1902

»Ankunft in Venedig«, »Die venezianische Gondel«, »Venedig«, aus: Hermann Hesse, Sämtliche Werke in 20 Bänden. Herausgegeben von Volker Michels. Band 10: Die Gedichte. © Suhrkamp Verlag Frankfurt am Main 2002. Alle Rechte bei und vorbehalten durch Suhrkamp Verlag Berlin.

Paul Heyse, Venedig, aus: Gesammelte Werke. Erster Band: Gedichte. Verlag von Wilhelm Hertz, Berlin 1889

Rolf Hochhuth, Die Berliner Antigone. Prosa und Verse
© 1971, 1975 by Rowohlt Verlag GmbH, Reinbek bei Hamburg

Walter Höllerer, Venedig, tagsüber Mond
Aus: Walter Höllerer, Der andere Gast. Gedichte
© Carl Hanser Verlag München 1952

Ricarda Huch. Gesammelte Werke. Bd 5. Hrsg. von Wilhelm Emrich
© 1971 by Verlag Kiepenheuer & Witsch GmbH & Co. KG, Köln.

Peter Huchel, San Michele, aus: Chausseen, Chausseen. Gedichte, erschienen bei S. Fischer Verlag GmbH, Frankfurt am Main 1963 © Mathias Bertram, Berlin

Peter Huchel, Venedig im Regen, aus: Gezählte Tage. Gedichte, Suhrkamp Verlag GmbH & Co. KG, Berlin 1972 © Mathias Bertram, Berlin

Norbert Hummelt, »abendlicht«, aus: Pans Stunde © 2011 Luchterhand Literaturverlag, München, in der Verlagsgruppe Random House GmbH

Hendrik Jackson, Venedig im Radio, aus: Dunkelströme. Gedichte © kookbooks, Berlin 2006

Mascha Kaléko: Brief aus Venedig. Aus: Verse für Zeitgenossen
Rowohlt Taschenbuch Verlag, Reinbek © 1975 Gisela Zoch-Westphal

Norbert C. Kaser, an venedig. aus: Gesammelte Werke. Band 1. Gedichte, herausgegeben von Sigurd Paul Scheichl. Lesehilfen und Materialien von Robert Huez © Haymon Verlag Ges.m.b.H, Innsbruck 1988

Alfred Kerr, Der neue Campanile, aus: Gesammelte Schriften, S. Fischer, Berlin 1920

Sarah Kirsch, Sämtliche Gedichte © 2005, Deutsche Verlags-Anstalt, München, in der Verlagsgruppe Random House GmbH

Klabund, Venedig, Das heisse Herz, Balladen Mythen Gedichte, Erich Reiss Verlag, Berlin 1922

Helmut Krausser, San Michele, Venezia, aus: Verstand & Kürzungen. Gedichte © DuMont Buchverlag, Köln 2014

Birgit Kreipe. in transition, aus: Schönheitsfarm © Verlagshaus J. Frank | Berlin

»Hotel Malibran, Venedig«, aus: Michael Krüger, Die Umstellung der Zeit. Gedichte. © Suhrkamp Verlag Berlin 2013.

Günter Kunert, Venedig I
Aus: Günter Kunert, Verlangen nach Bomarzo. Reisegedichte mit 12 Zeichnungen des Verfassers
© Carl Hanser Verlag München 1978

Günter Kunert, Venedig III
Aus: Günter Kunert, Verlangen nach Bomarzo. Reisegedichte mit 12 Zeichnungen des Verfassers
© Carl Hanser Verlag München 1978

Thomas Kunst, Der Männer und der Frauen wegen taten …, aus: Die Arbeiterin auf dem Eis. Gedichte und Briefe © edition AZUR, Dresden 2013

Thomas Kunst, Ich bau in meinem Waschbecken Venedig …, aus: Die Arbeiterin auf dem Eis. Gedichte und Briefe © edition AZUR, Dresden 2013

Detlev von Liliencron, Unvermutetes Zusammentreffen, aus: Bunte Beute. Der gesammelten Gedichte vierter Band. Schuster & Loeffler, Berlin 1903

Oskar Loerke, Staubes Wege, Atem der Erde, S. Fischer 1930

Rainer Malkowski, In Venedig
Aus: Rainer Malkowski, Die Herkunft der Uhr. Gedichte
© Carl Hanser Verlag München 2004

Hans Mathie, Morgen in Venedig, aus: Venedig im Gedicht, hrsg. von Pascal Morché, Insel Verlag Anton Kippenberg GmbH & Co. KG, Frankfurt am Main 1986

»an düsterem Wintermorgen der Stallgeruch in meinem Bett, Zer-...«, aus: Friederike Mayröcker, dieses Jäckchen (nämlich) des Vogel Greif. Gedichte 2004–2009. © Suhrkamp Verlag Frankfurt am Main 2009. Alle Rechte bei und vorbehalten durch Suhrkamp Verlag Berlin.

»an einem throbbenden Februartag, für Ernst Jandl«, aus: Friederike Mayröcker, Mein Arbeitstirol. Gedichte 1996–2001. © Suhrkamp Verlag Frankfurt am Main 2003. Alle Rechte bei und vorbehalten durch Suhrkamp Verlag Berlin.

Christoph Meckel, Ballade, aus: Wildnisse. Gedichte. S. Fischer Verlag GmbH, Frankfurt am Main 1984 © Christoph Meckel

Conrad Ferdinand Meyer, »Auf dem Canal Grande«, »Venedig«, aus: Sämtliche Werke in zwei Bänden, Band II, Artemis & Winkler, Düsseldorf 1996

Friedrich Nietzsche, »Mein Glück!«, aus: Nietzsches Werke. Erste Abteilung, Band V: Die fröhliche Wissenschaft, Verlag von C. G. Naumann, Leipzig 1899

Helga M. Novak, grüne Zitronen, aus: solange noch Liebesbriefe eintreffen, herausgegeben von Rita Jorek, mit einem Nachwort von Eva Demski © Schöffling & Co. Verlagsbuchhandlung GmbH, Frankfurt am Main 1997, 1999, 2005, 2008

»palazzo ducale«, »biennale d'arte moderna«, »canale di san marco«, aus: Albert Ostermaier, Außer mir. Gedichte © Suhrkamp Verlag Berlin 2014.

August von Platen, Sonette aus Venedig, Erlangen 1825

Arno Reinfrank, Venedig heute, morgen Amsterdam, aus: Mutationen: Poesie der Fakten. Limes Verlag, München 1973 © Jeanette Koch

Werner Riemerschmid, Das Denkmal des Bartolomeo Colleoni, aus: Der Bote im Zwielicht, Gedichte. Verlag Karl Alber, Freiburg 1942 © Wolfgang Riemerschmid

Rainer Maria Rilke, »Die Kurtisane«, aus: Neue Gedichte, Insel Verlag, Leipzig 1907

Rainer Maria Rilke, »Spätherbst in Venedig«, »Venezianischer Morgen«, »San Marco«, aus: Der neuen Gedichte anderer Teil, Insel Verlag, Leipzig 1908

»Sag Venedig«, aus: Friederike Roth, Schattige Gärten. Gedichte. © Suhrkamp Verlag Frankfurt am Main 1987. Alle Rechte bei und vorbehalten durch Suhrkamp Verlag Berlin.

Tobias Roth. Ein Gleiches, aus: Aus Waben © Verlagshaus J. Frank | Berlin

»Der Tisch wird kalt. Gedichte« von Joachim Sartorius
© 1992 by Verlag Kiepenheuer & Witsch GmbH & Co. KG, Köln.

Joseph Victor von Scheffel, Durst in Venedig, aus: Victor von Scheffels Werke in zwei Bänden. Zweiter Band, Hansa 1917

»Immernie 2 (Venedig)«, aus: Robert Schindel, Immernie. Gedichte vom Moos der Neunzigerhöhlen. © Suhrkamp Verlag Frankfurt am Main 2000. Alle Rechte bei und vorbehalten durch Suhrkamp Verlag Berlin.

»Venezianisches Sonett«, aus: Robert Schindel, Ohneland. Gedichte vom Holz der Paradeiserbäume 1979–1984. © Suhrkamp Verlag Frankfurt am Main 1986. Alle Rechte bei und vorbehalten durch Suhrkamp Verlag Berlin.

Emil von Schoenaich-Carolath, Altes Bild, aus: Dichtungen, G. J. Göschen'sche Verlagshandlung 1905

Andrea Scholl, To Venice I © Andrea Scholl

Tom Schulz, San Michele, aus: Innere Musik. Gedichte © 2012 Berlin Verlag in der Piper Verlag GmbH, Berlin

Jan Skudlarek. kölsch wasser / marsch, aus: erloschene finger © parasitenpresse / Verlag Adrian Kasnitz, Köln 2010

Tzveta Sofronieva, I want a woman, aus: Landschaften, Ufer. Gedichte © Carl Hanser Verlag München 2013

Armin Steigenberger, sprachsplitterkanal © Armin Steigenberger

Ludwig Steinherr, Venedig versinkt im Meer, aus: Fluganweisung. Gedichte, Franz Schneekluth Verlag, München 1985 © Ludwig Steinherr

Jürgen Theobaldy, Die Erdbeeren von Venedig, aus: Blaue Flecken, erschienen bei Rowohlt Verlag GmbH, Reinbek 1974 © Jürgen Theobaldy

Georg Trakl, In Venedig, aus: Sebastian im Traum. Sammlung. Kurt Wolff Verlag, Leipzig 1915

Heinrich Wilhelm Vierordt, Die Cikaden, aus: Gemmen und Pasteten. Tagebuchblätter aus Italien. Carl Winters' Universitätsbuchhandlung, Heidelberg 1902

Christian Wagner, Venedig, aus: Italien in Gesängen, Selbstverlag, gedruckt von R. Vierkorn, Ditzingen 1912

Jan Wagner, venezianische impression, aus: Probebohrung im Himmel. Gedichte. Berlin Verlag, Berlin 2001 © Jan Wagner

Franz Werfel, Der Volksplatz von Santa Margarita. Aus: ders., Gedichte aus den Jahren 1908–1945. © S. Fischer Verlag GmbH, Frankfurt am Main 1967

Ron Winkler, Venezia non finito II, Prachtvolle Mitternacht. Gedichte © Schöffling & Co. Verlagsbuchhandlung GmbH, Frankfurt am Main 2013

Andrea Zanzotto, venedig – eine möglichkeit, zitiert aus: Fulvio Roiter: Traumhaftes Venedig. Erschienen im Verlag Anton Schroll & Co., Wien 1978

Stefan Zweig, Sonnenaufgang in Venedig, aus: Die gesammelten Gedichte, Insel Verlag, Leipzig 1924

Wir danken allen Autoren, Verlagen und Nachlassverwaltern für die freundliche Genehmigung zum Abdruck. In einigen Fällen ist es uns trotz intensiver Nachforschungen nicht gelungen, die heutigen Rechteinhaber zu ermitteln. Wir bitten diese, sich mit dem Verlag in Verbindung zu setzen.

Inhaltsverzeichnis

Gedichte bei Schöffling & Co.

Paulus Böhmer
Fuchsleuchten
Kaddish I–X
Kaddish XI–XXI

Mirko Bonné
Die Republik der Silberfische
Traklpark

Rolf Bossert
Ich steh auf den Treppen des Winds

Carolin Callies
fünf sinne & nur ein besteckkasten

Tanja Dückers
Fundbüros und Verstecke

Klaus Hensel
Humboldtstraße, römisches Rot

Gedichte bei Schöffling & Co.

Karin Kiwus
Das Gesicht der Welt

Nadja Küchenmeister
Alle Lichter
Unter dem Wacholder

Helga M. Novak
Liebesgedichte
Silvatica
solange noch Liebesbriefe eintreffen
wo ich jetzt bin

Ulrike Almut Sandig
Dickicht

Ulrike Almut Sandig & Marlen Pelny
Märzwald
Dichtung für die Freunde der Popmusik

Gedichte bei Schöffling & Co.

Silke Scheuermann
Skizze vom Gras
Der Tag an dem die Möwen zweistimmig sangen.
Gedichte 2001–2008
Über Nacht ist es Winter

Aleš Šteger
Buch der Körper

Ron Winkler
Fragmentierte Gewässer
Frenetische Stille
Neubuch – Neue junge Lyrik
Prachtvolle Mitternacht
Schneegedichte

Ror Wolf
Aussichten auf neue Erlebnisse
Im Zustand vergrößerter Ruhe
Pfeifers Reisen